기업과 조직의 성장을 위한

TA 인간관계 프로그램

강석동 · 김옥희 · 장희선 · 팽혜숙 · 이상심 공저

학지사

머리말

현대 사회는 빠르게 변화하는 환경 속에서 끊임없이 새로운 도전과 기회를 맞이하고 있습니다. 이러한 변화 속에서 개인과 조직의 관계는 그 어느 때보다 중요한 역할을 할 것입니다. 오늘날의 기업과 조직은 단순한 성과 중심의 구조를 넘어, 인간 중심의 건강한 소통과 신뢰를 바탕으로 성장하고 있습니다. 빠르게 변화하는 사회 속에서 조직 내 갈등, 소외, 스트레스는 더 이상 개인의 문제가 아닙니다. 조직 내의 인간관계는 개인의 삶뿐만 아니라 조직의 성과와 직결되기 때문에 이를 향상시키기 위한 다양한 노력이 절실히 필요합니다.

교류분석(Transactional Analysis: TA)은 인간관계의 역동성을 이해하고 개선하기 위한 강력한 도구로, 개인과 조직 내에서의 소통 방식을 분석하고 효율적인 상호작용을 이끌어 낼 수 있는 방법을 제공합니다. 이에 우리는 교류분석을 바탕으로 조직 구성원 간의 관계를 진단하고 개선할 수 있는 구체적이고 실천적인 프로그램을 만들고자 했습니다. 이 책은 오랜 현장 경험과 연구를 토대로 하여 이론과 실제를 조화롭게 담아낸 결과물입니다.

『기업과 조직의 성장을 위한 TA 인간관계 프로그램』은 이론을 전달하는 데 그치지 않고 조직 내에서 발생할 수 있는 갈등이나 소통의 문제를 해결해 보다 건강하고 생산적인 인간관계를 구축하기 위한 실용적인 접근법을 제시하려고 노력했습니다. 무엇보다 따뜻한 인간관계를 회복하고 구체적으로 실천할 수 있도록 진단도구, 워크숍 설계, 실제 사례 등 다양한 요소를 체계적으로 구성했습니다.

제1장 '만남 · 설렘'에서는 조직 구성원들이 가벼운 개인의 삶 이야기 및 관심사를 통해 서로 알아가며 친밀감을 형성하도록 다양한 사례를 바탕으로 구성했습니다. 제2장 '조직에 대한 이해'에서는 조직의 구조와 특성을 이해하고 인간관계의 강점 및 문제점 등을 해결하는 데 도움을 주고자 했습니다. 제3장 '교류분석과 인간이해'에서는 자기와 타인 등 인간의 마음에 대한 이해, 조직에서 탐색 가능한 자아상태 분석, 다양한 인생태도에 대한 이해를 돕고자 했습니다. 제4장 '인간관계와

TA 셀프코칭'에서는 교류에 대한 이해와 경험, 시간을 보내는 방식, 인간관계의 심리게임과 각본, TA 셀프코칭에 대한 구체적인 사례를 제시했습니다. 제5장 '갈등 및 스트레스 관리'에서는 조직 내 실제적인 갈등 및 스트레스를 이해하고 해결하는 데 중점을 두었습니다. 제6장 'OK 조직문화 만들기'에서는 나의 조직문화를 이해하고 긍정적인 인생태도를 통해 OK 조직문화를 성장시키는 데 주력했습니다. 마지막으로 제7장에서는 '변화와 회복'을 위해 나의 인생각본을 다시 쓰는 기회를 가짐으로써 나와 조직의 성장 기회를 마련했습니다.

이 책은 인간관계로 고민하는 조직 구성원들과 조직에서 프로그램을 진행하는 교류분석 전문가들에게 조금이나마 도움을 주고자 기획되었습니다. 이를 통해 조직의 리더와 구성원, 교육담당자, 그리고 조직문화 개선에 관심이 있는 모든 이에게 원활한 인간관계와 소통을 위한 작은 등불이 되기를 진심으로 바랍니다.

2025. 8.

저자 일동

차례

제1장

만남 · 설렘

1. 친밀감 형성
2. 프로그램의 필요성
3. 프로그램의 목적, 목표, 기대효과

1. 친밀감 형성

프로그램의 성패는 시작한 직후의 10분이 결정한다고 한다. 프로그램을 시작하면서 참여자들과 친밀감을 형성하고 재미, 의미, 감동을 통해 프로그램에 대한 기대를 가질 수 있도록 하는 것이 매우 중요하다.

1) 인사 나누기

친밀감 형성을 위한 '인사 나누기'는 동요 〈뽀뽀뽀〉와 〈곰 세 마리〉를 조직에 맞게 개사한 뒤 참여자들이 즐겁게 부르며 서로 인사를 나눌 수 있도록 다음과 같이 구성했다.

뽀뽀뽀 (직장송)	**1절** 여러분 어서 와요(하하하) 만나서 반가워요(호호호) 힘차게 출발해요(화이팅) 헤어지면 또 만나요(오케이) 여러분 어서 와요(악수 3번) 만나서 반가워요(손바닥 부딪히기 3번) 힘차게 출발해요(양손잡기) 헤어지면 또 만나요(오케이) **2절** 사장님 어서 와요(하하하) 과장님 어서 와요(호호호) 대리님도 어서와요(함께해요) 새내기도 어서 와요(환영해요) 여러분 어서 와요(악수 3번) 만나서 반가워요(손바닥 부딪히기 3번) 힘차게 출발해요(양손 잡기) 헤어지면 또 만나요(오케이)
곰 세 마리 (직원송)	○○(회사명)에는 직원들이 있어 과장님 팀장님 새내기 과장님은 완벽쟁이 팀장님은 열정쟁이 새내기는 센스쟁이 ○○, ○○, 멋지다!

2) 가벼운 개인의 삶 이야기 및 관심사 나누기

프로그램에 대한 참여자들의 기대를 높이기 위해 '직장에서 열 받는 순간' 동영상(https://youtu.be/Wrec_HIGy50)을 함께 감상한다. 그리고 부부관계에서 일어날 수 있는 '손이 많이 가는 남자 이야기'를 통하여 긴장감을 해소하고 친밀감과 기대감을 갖도록 구성했다. 이를 통해 부부관계, 부모-자녀관계, 동료관계, 상하관계에 대한 개인의 에피소드를 공유할 수 있다.

손이 많이 가는 남자 이야기

아내: 당신은 도대체 뭐 하는 사람이야!
남편: 내가 뭔가 당신을 힘들게 했나 보네!
아내: 그래. 내가 청소를 다 해 놓았는데 당신이 어질렀잖아!
남편: 그랬구나. 미안해!
아내: 당신은 손이 정말 많이 가는 사람이야!
남편: 나를 돌봐 줄 기회를 주어서 좋지! 하하하!
아내: 말이나 못 하면…….

➲ 부정적 자극을 긍정적 자극으로 받아들일 수 있도록 자신은 인간관계를 어떻게 유지하고 있는가?

2. 프로그램의 필요성

현대 사회는 다양한 모습의 조직이 존재한다. 대기업, 공기업, 비영리법인, 중소기업, 자영업 등 그 종류와 역할도 다양하다. 이렇게 다양한 조직은 누군가의 '직장'이라는 공통점을 가지고 있다. 그러므로 직장 내 인간관계에 더욱 관심을 가지게 된다. 그 이유는 가족과 지내는 시간보다도 직장동료와 함께 보내는 시간이 많다 보니 많은 갈등과 스트레스가 발생할 수 있기 때문이다. 이렇듯 직장에서 인간관계로 인한 어려움을 많이 겪는다면 직장생활 전체가 어려워질 수가 있고, 이는 가정생활에서도 부정적인 영향을 줄 수 있다.

1) 조직 내 인간관계의 중요성

다양한 사례를 통해 조직 내 인간관계의 중요성을 여러 각도에서 알아보고자 한다. 첫째, 세종대왕은 신하들과 자유로운 토론을 즐기며 그들에게 국정과 관련하여 매서운 비판과 질책을 청하는 등 적극적인 소통을 통해 인간관계의 중요성을 보여 주었다. 둘째, 연산군은 지나친 폭정을 자행하여 소통이 없는 절대 왕권을 행사함으로써 신하들로 하여금 왕위에서 축출되는 최초의 군주로서 인간관계의 중요성을 보여 주었다. 마지막으로, 우주왕복선 이야기는 담당 직원의 의견을 무시하여 막대한 피해를 입고 승무원 모두가 사망에 이르게 한 사건을 통해 인간관계의 중요성을 보여 주었다.

(1) 세종대왕의 사례

세종대왕의 경청

- 세종대왕은 즉위 후 왕을 자주 만날 수 없는 중 · 하급 문무 관원들이 정사를 어떻게 생각하는지 궁금해했다고 한다. 일과 중에 그들의 생각을 들어 볼 방법을 고민하던 세종대왕은 중 · 하급 관원들이 돌아가면서 매일 궁궐에 들어와 왕의 질문에 대답하거나 정사를 논의하면서 직접 이야기를 나누고, 그들의 의견을 경청하는 '윤대(1425년, 세종7년)'라는 제도를 만들어 시행했다.
- '성미나 언행이 사납다'는 의미로 지금도 쓰이고 있는 '고약하다'라는 말은 조선시대 형조참판이었던 '고약해(高若海)'라는 사람의 이름에서 비롯되었다고 한다. 그는 세종대왕이 즐겨 하던 격구를 두고 전쟁에 도움 되지 않는 놀이에 불과하므로 하지 마시라는 말을 다섯 번이나 하기도 했다. 화가 날 법도 한 상황이었으나 세종대왕은 저런 신하도 있어야 한다는 생각으로 그 말을 들어주었다고 한다.
- 세종대왕은 국정운영 스타일 등 신하들이 자신에게 불편한 주제를 가지고 토론할 때도 이를 거부하거나 제지하지 않았다. 묵묵히 듣고 신하들이 어떤 의견이든 제시할 수 있도록 자유로운 분위기를 만들었다(김기섭, 2014).

➲ 세종대왕 같은 인물과의 인간관계가 우리 조직에서 이루어진다면 어떤 일이 일어날 수 있는가?

(2) 연산군의 사례

소통 없는 절대 왕권주의자, 연산군

- 아버지 성종이 기틀을 닦아 놓아 안정적인 왕권을 물려받은 연산군(재위 1494년)은 적장자의 정통성까지 갖춘 모자랄 것이 없는 왕이었다. 8살에 세자책봉을 받고 19살에 왕위에 오른 연산군은 준비된 왕이었다. 하지만 아버지와 다르게 폭군의 길을 걸었다. 아버지 성종은 대간들을 국정의 파트너로 인내하고 인정해 줬지만, 연산군은 신하들을 적으로 여겼다(김기섭, 2014). 연산군은 조선의 국가 시스템을 파괴하고, 무고한 이들을 죽음으로 몰아넣었으며, 절대 권력을 위해 그가 반대 세력의 존재를 인정하지 않는 독재자였다는 사실은 변하지 않는다. 연산군은 절대 권력을 그의 개인적인 복수와 유흥을 위해 사용했고, 그 폐해는 상당했다. 이는 당시 권력의 중심에 있었던 훈구세력들의 반발까지 불러왔고, 급기야 조선 최초로 신하들이 주도한 반정에 의해 축출되는 군주가 되었다(신예리, 2018).

➲ 이 사례에서 얻는 교훈은 무엇인가?

(3) 우주왕복선 챌린저호 폭발 사례

무시가 불러온 참사

- 1986년 1월 28일 우주왕복선 챌린저호가 발사 73초 만에 폭발하여 승무원 7명이 목숨을 잃었으며, 4,865억 원의 금전적 손실이 발생했다. 조사 결과, 폭발의 원인이 된 장치는 놀랍게도 복잡한 부속품이 아니라 '오링'이라는 고무 패킹이었다. 우주왕복선의 고체 로켓 부스터를 설계하고 제작한 모던 티오콜의 고무 오링 기술자는 발사를 취소하거나 일정을 조정해 달라고 몇 번이고 요청했다. 우주 상공에서의 매우 낮은 온도는 고무 오링을 얼게 하여 그 확장력을 발휘하지 못하고 수축하게 되는데, 이 때문에 금속동체의 밀폐가 실패하고 초고온의 추진가스도 고무 오링에 닿아 타 버릴 것이라는 게 그의 주장이었다. 그러나 NASA와 모던 티오콜의 고위 관리자들은 그의 말을 무시하고 발사를 허가했다. 여기에 탑승한 승무원은 모두 사망했으며, 이 사건은 NASA의 안전 관리 시스템과 의사소통 문제의 허점이 결합된 조사 결과로 지목되었다(위키백과, 2024).

➲ 내가 속한 조직에서 발생하는 의사소통의 문제는 무엇인가? 이는 조직에 어떠한 영향을 주고 있는가?

2) 조직 내 인간관계의 필요성

조직 내 인간관계의 필요성을 팀원 간의 의견 차이로 인한 갈등사례와 리더십의 갈등사례를 통해 알아보고자 한다. 팀원 간의 의견 차이로 인한 갈등사례는 예상치 못한 상황을 대화로 풀어 내지 못해 발생한 갈등사례이다. 리더십의 갈등사례는 부하직원의 개인 사정을 고려하지 않고 프로젝트의 성공만을 위해 리더의 스타일을 고집하다 발생한 갈등사례이다. 이 두 가지 사례는 조직 내 인간관계의 필요성을 잘 나타내고 있다.

(1) 의견 차이로 인한 갈등사례

팀원 간의 의견 차이를 대화로 조율

- 올해 회사에서 직장 내 업무 과제로 조별 프레젠테이션이 있었다. 각자 역할을 분담해서 '나희생' 사원과 입사 동기인 K 사원은 PPT 작성, L 사원은 자료 수집, P 사원은 발표, C 사원은 총괄 역할을 맡았다. 일주일간의 준비기간 동안 모든 조원이 열심히 각자의 역할을 다했지만, 예상치 못하게 K 사원이 집안 일을 핑계로 PPT 작성을 나희생 사원에게 거의 맡겨 버렸다. 중간 점검 모임에서 나희생 사원은 이 사실을 다른 조원들에게 말하자 K 사원에게 모든 질타가 쏟아지고 말았다. 이로 인해 친구관계까지 서먹해질 수 있는 최악의 상황이 되고 만 것이다.

➲ 이 사례에서 팀원 간의 의견 차이를 대화로 조율하려면 어떻게 해야 하는가?

(2) 리더십의 갈등사례

도대체 뭐가 불만인데?

- '완전 무결형' 유형의 S 팀장은 다소 깐깐하고 꼼꼼한 성격 탓에 같은 부서 동료들이 스트레스를 많이 받는 일이 자주 일어났다. 사내 행사인 '별빛 문학의 밤'에서도 반드시 1등을 해야 한다는 목표를 향해 퇴근 후 저녁 늦게까지 열심히 연습하고 준비했다. 하지만 아이가 아파서 집에 일찍 들어가야 하는 사원이나 갑자기 일이 생긴 직원까지도 연습에 참여하지 않는다고 지나칠 만큼 깐깐하게 구는 탓에 동료들 사이에서 불만이 쌓여 가고 있었다. 결국 S 팀장의 완벽한 준비 덕분에 '별빛 문학의 밤'에서 1등이라는 목표를 이루었다. 그렇지만 그 과정에서 같은 부서 동료들은 S 팀장의 리더십과 의사소통 능력에 대해 의문을 가졌고 말다툼하게 되는 등 팀원 사이의 분위기가 오히려 악화되었다.

➲ 이 사례에 대해 어떻게 생각하는가?

3. 프로그램의 목적, 목표, 기대효과

1) 목적

- 조직 내 효과적이고 기분 좋은 인간관계를 통해 성과 향상을 도모한다.

2) 목표

- 인간관계의 원리를 배운다.
- 효과적인 소통법을 배운다.
- 효과적인 마음 관리법을 배운다.
- OK 조직문화를 만든다.

3) 기대효과

- 조직원들의 인간관계 질이 향상된다.
- 조직원의 소통 능력이 개선되어 일하기 좋은 OK 조직문화가 조성된다.
- 인간관계 개선을 통해 업무 몰입도가 높아진다.

제2장

조직에 대한 이해

1. 조직에 대한 기본 이해
2. 나의 조직에 대한 이해

1. 조직에 대한 기본 이해

현대 사회에서는 지식, 기술, 정보 등의 변화가 급격하게 일어난다. 이에 따라 직업의 변화, 즉 직종의 다각적인 분화, 새로운 직종의 생성 및 기존 직종의 소멸 등 급격한 변화가 일어났으며, 이로 인해 산업 구조 조정과 노동시장의 변화가 활발해졌다(KSAM magazine, 2022).

또한 최근 급변하는 기업 경영 환경 속에서 인적 자원 관리에 대한 중요성은 더욱 커지고 있다. 조직 내 업무 효율성에 대한 관심도 증가하고 있다. 조직 구성원은 조직에서 가장 중요하고 가치 있는 인적 자원이라 할 수 있으며, 조직에서 목표 및 목적을 달성하는 데 가장 핵심적인 역할을 한다.

조직은 단순히 개인의 집합이 아닌 하나의 유기체로서 공동의 목표를 지향한다. 따라서 조직의 목표를 달성하는 데 기여할 수 있도록 자신이 속한 조직의 경영원리와 체제 내에서 조직을 이해하는 능력을 함양하는 것이 매우 중요하다.

최근에는 조직을 둘러싸고 있는 환경이 끊임없이 변화하고 있으며, 그 변화의 속도가 점점 빨라지고 있다. 이에 따라 조직 구성원은 조직에 영향을 미치는 환경의 변화를 민감하게 인지할 수 있는 능력이 요구된다.

1) 조직 내 원만한 인간관계의 필요성

(1) 원만한 인간관계의 의미

'2023 좋은 직장 및 일의 의미 관련 인식조사'를 통해 직장 내 원만한 인간관계가 회사생활에서의 의미를 부여해 주는 중요한 요소로 조사되었다. 다음을 통해 직장 내 원만한 인간관계가 회사생활에 주는 의미가 무엇인지 알아보고자 한다.

내가 설마 왕따는 아니겠지?

- '2023 좋은 직장 및 일의 의미 관련 인식조사'에서 「직장인들, 무엇보다 '연봉' 중요하게 생각…… 다만, 높은 연봉보다 중요한 조건이 많다는 인식 강해」라는 보도자료에 주목해 보자. 시장조사 전문기업 엠브레인 트렌드모니터(trendmonitor.co.kr)가 전국 만 19~59세 급여 소득자 성인 남녀 1,000명을 대상으로 '2023 좋은 직장 및 일의 의미 관련 인식조사'를 실시한 결과, 직장생활에서 '연봉'을 가장 중요한 조건으로 평가하면서도 조직문화, 워라밸 등 연봉 외적인 요소 또한 중요시하는 모습을 확인할 수 있었다. **특히 직장 내 원만한 인간관계가 회사 생활에서의 '의미'를 부여해** 주는 중요한 요소로 평가되고 있는 점이 주목할 만한 결과였다(채성숙, 2022).

➲ 조직에서의 인간관계가 나의 회사생활에 주는 의미는 무엇인가?

(2) 직장 내 인간관계의 갈등

2019년에 발행된 기사에 의하면, 직장 내에서 업무 관련 스트레스보다 인간관계로 인한 스트레스가 높은 것으로 조사되었다. 그리고 퇴사에 영향을 미치는 요인도 업무보다 '사람이 싫어서'가 높게 나타났다. 다음 사례를 통해 조직에 속한 직장동료에게 우선적으로 바라는 항목은 무엇인지를 알아보고자 한다.

직장인 81% '사람이 싫어서' 퇴사 결심, 직장 내 인간관계 갈등 원인 1위는?

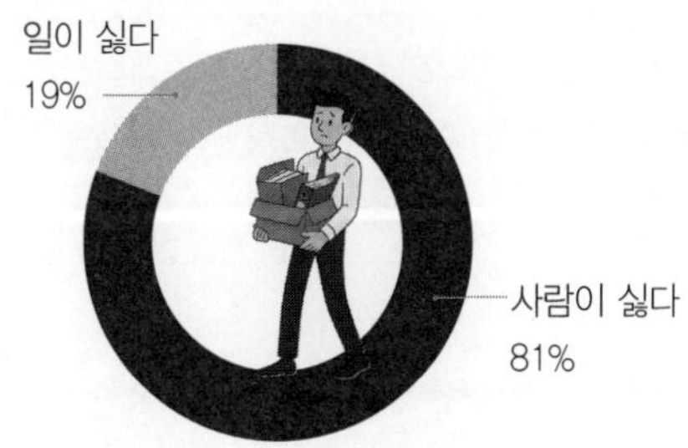

- 직장인 10명 중 8명은 '일'보다 '사람' 때문에 퇴사를 결심하는 것으로 나타났다. 즉, 업무 관련 스트레스(28.2%)보다 인간관계 스트레스(71.8%)가 훨씬 심한 것으로 드러났다. 일과 사람 중 퇴사에 더 영향을 미치는 것으로 직장인 응답자의 81%는 '사람이 싫어서'라고 답했다. '일이 싫어서'라는 응답은 19%에 그쳤다. 업무와 인간관계 중 스트레스가 심한 쪽으로는 응답자의 71.8%가 '인간관계'라고 응답했고, '업무 관련'은 28.2%였다. 선배와 갈등을 겪는다는 응답은 전체 직장인의 79.1%에 달했다. 이들이 선배(상사)와 갈등을 겪는 이유 1위로는 '업무분장 등에서 자기에게만 유리한 비합리적인 결정이 잦음'이라는 응답이 44%로 가장 많았다. 다음으로 '자기 경험만을 내세우는 권위적인 태도'가 40.4%, '업무를 나에게 미룸'이 37.6%, '사적인 일 부탁, 잔심부름 등 지위를 이용한 갑질'은 28.1%, '인격모독 발언 빈번'은 19.9%, '업무 성과를 가로챔'이 15.9%인 것으로 조사되었다(권연수, 2019).

➡ 직장동료에게 우선적으로 바라는 항목은 무엇인가?

---

2) 인간관계가 직무 성과에 미치는 영향

(1) 직무 소진과 대인관계 갈등에 관한 연구

- 직무 소진은 신체적 · 정신적 · 정서적 상호작용 과정에서 에너지가 고갈되어 타인을 비인격적으로 대하며 자신의 직무에 대한 성취감을 느끼지 못하는 것으로 개념화하는데(Maslach, 1982; 진수민, 2021), 이는 직무 소진이 대인관계와 밀접한 연관이 있다는 것을 의미한다.
- 조직 내 대인관계가 중요시되는 이유는 상사, 동료, 부하와의 단결이 필수적인 조직에서 대인관계가 원만하지 못할 경우 정신적 고갈에 매우 중요한 원인이 될 뿐 아니라 심리적 좌절감, 갈등 등 중대한 스트레스 원인이 될 수 있기 때문이다(Gaines & Jermier, 1983). 이러한 대인관계 스트레스는 직무 만족을 감소시키고, 조직 몰입을 감소시켜 이직 의도를 증가시킨다. 결과적으로 조직 차원에서는 대인관계 문제가 이직으로 연결될 수 있기 때문에 조직에서도 큰 손실로 나타날 수 있다.

➲ 대인관계 갈등으로 인한 직무 소진이 조직 내 직무 성과에 어떤 영향을 미치는가?

(2) 조직 내 인간관계가 직무 소진에 미치는 영향 연구

• 최근 증가하고 있는 공무원의 직무 소진에 대하여 조직 내 인간관계가 어떠한 영향을 미치는지 실증적으로 검증한다. 조직 내 인간관계를 상사와 동료로 구분하고, 각각 개인–환경 적합성 이론의 개인–상사 및 개인–동료 적합성을 활용하여 직무 소진에 미치는 선형적 및 비선형적 영향을 검증했다. 세대별 조직 내 인간관계가 직무 소진에 미치는 선형적 및 비선형 효과도 살펴보았다. 분석한 결과, 조직 내 인간관계는 직무 소진에 선형적 영향을 미치는 것으로 나타났으며, 상사와의 관계만이 직무 소진을 감소시키는 것으로 나타났다. 세대별 분석결과에서는 직무 소진에 대한 대인관계의 선형 효과를 가정한 경우에 20대와 30대는 상이한 분석결과를 보여 주고 있다. 또한 직무 소진에 대한 대인관계의 비선형 효과 검증에서는 20대에서만 비선형 효과가 나타났으며, 조직 내 상사 및 동료와의 관계가 직무 소진에 서로 다른 형태의 영향을 미치는 것으로 나타났다(왕태규, 2022).

➲ 상사 및 동료와의 인간관계가 직무 소진에 어떤 영향을 미치는가?

2. 나의 조직에 대한 이해

현재 조직 내에서 인간관계의 강점과 문제점을 찾아보는 것은 자신의 조직과 구성원을 이해하고 갈등을 해결하는 데 도움이 된다.

1) 조직 내 인간관계의 강점 및 문제점

(1) 조직 내 인간관계의 강점

조직 내에서 인간관계는 매우 중요하다. 이는 조직 효과성의 근원이 되며, 조직 생활 수준을 결정하는 요인이기 때문이다. 원만한 인간관계의 강점은 협력과 조화로움을 통해 의미 있는 관계를 만들어 가는 것이다. 또한 조직 관리자의 집중과 노력은 매우 중요하다. 조직 내 성공적인 인간관계의 밑거름을 위해서는 구성원 간의 경쟁보다 조직 전체의 성과 달성이 최우선 과제이며, 조직의 비전과 미션을 지속적으로 공유할 수 있어야 한다.

- **내가 속한 조직 내 인간관계의 강점은 무엇이 있는가?**

1.

2.

3.

4.

5.

6.

7.

8.

9.

10.

- 조직 내 협력의 관계를 만들려면 무엇을 해야 하는가?

1.

2.

3.

4.

5.

6.

7.

8.

9.

10.

(2) 조직 내 인간관계의 문제점

조직 내에서 강제적인 의사소통과 회피적인 의사소통 방식은 다양한 갈등을 유발할 수 있다. 관계가 악화되면 상호 간의 의사소통이 저하되며, 새로운 정보 획득에 대한 어려움이 증가하고, 새롭고 참신한 아이디어의 수용이 억제된다. 또한 직무수행 시 시간과 노력을 낭비시킴으로써 조직 효과성에 부정적 영향을 미치게 된다. 이는 심리적 긴장을 유발하고 직무 만족과 조직 몰입을 저하시킨다. 다음은 조직 내 인간관계 문제점을 파악하고 개선하기 위한 활동이다.

- **조직 내 강제적인 의사소통 방식이 인간관계에 미치는 영향은 어느 정도인가?**

매우 나쁘다 ① ② ③ ④ ⑤ ⑥ ⑦ ⑧ ⑨ ⑩ 매우 좋다

- **조직 내 회피적인 의사소통 방식이 인간관계에 미치는 영향은 어느 정도인가?**

매우 나쁘다 ① ② ③ ④ ⑤ ⑥ ⑦ ⑧ ⑨ ⑩ 매우 좋다

- **조직 내 강제적인 의사소통에는 어떤 것이 있는가?**

- **조직 내 회피적인 의사소통에는 어떤 것이 있는가?**

---

2) 조직 내 구성원이 느끼는 감정

(1) 조직 내 구성원이 느끼는 긍정적 감정상태 알아보기

● **협력과 조화로움을 통해 조직에서 느끼는 긍정적인 감정 찾아보기**

1. ______________________________

2. ______________________________

3. ______________________________

4. ______________________________

5. ______________________________

(2) 조직 내 구성원이 느끼는 부정적 감정상태 알아보기

- **갈등과 불편함을 통해 조직에서 느끼는 부정적인 감정 찾아보기**

1. ______

2. ______

3. ______

4. ______

5. ______

3) 조직 내 인간관계의 희망사항과 구성원의 역할

- 조직 내 구성원이 느끼는 인간관계 점수는 몇 점이라고 생각하는가?

매우 나쁘다 ❶ ❷ ❸ ❹ ❺ ❻ ❼ ❽ ❾ ❿ 매우 좋다

- 인간관계 점수가 몇 점으로 변화하기를 원하는가?

매우 나쁘다 ❶ ❷ ❸ ❹ ❺ ❻ ❼ ❽ ❾ ❿ 매우 좋다

- 조직 내 원활한 인간관계를 위하여 구성원 각각은 어떤 역할을 해야 하는가?

나

동료

상사

4) 변화를 위한 우리의 다짐

- **조직 내 긍정적인 인간관계의 변화를 위한 우리의 다짐은 무엇인가?**

1.

2.

3.

4.

5.

제3장

교류분석과 인간이해

1. 자기이해와 타인이해
2. 인간의 마음에 대한 이해
3. 인간의 마음 탐색

1. 자기이해와 타인이해

조직 안에서는 상사, 동료, 팀원 간 다양한 관계가 형성된다. 교류분석(Transactional Analsis: TA)은 인간의 심리와 교류를 분석함으로써 좋은 인간관계를 형성할 수 있도록 도울 뿐만 아니라 인간의 자율성을 통해 건강한 인간상을 추구하는 이론이다(Berne, 1964). 교류분석에서는 '자기긍정–타인긍정(I'm OK–You're OK)'의 인간상을 가지고 있다. 우리는 인간관계에서 진솔하게 관계를 맺는 데 어려움이 있다. 그 이유는 두려움과 같은 부정적인 감정 때문일 수 있는데, 이러한 부정적인 감정은 어릴 때의 것일 수도 있고 지금 여기에서 상대로부터 오는 것일 수도 있다. 우리는 인간이해라는 주제를 교류분석 이론을 기반으로 살펴보고자 한다.

조직에서 인간관계를 잘하기 위해서는 자기이해와 타인이해가 매우 중요하다. 자신은 많이 노력하는 데 비해 상대가 바뀌지 않는다면 매일이 고통스럽고 힘들 것이다. 또한 자신에 대한 객관화된 이해의 과정 없이 무조건 상대의 잘못으로 생각하여 상대에게서만 변화를 기대하다 보면 오히려 갈등이 깊어지게 되고, 조직 안에서의 삶이 고통스러울 수 있다. 교류분석 이론에서는 자아상태와 인생태도를 통해 상호 간의 이해를 높이고, 이를 통해 자기이해와 타인이해를 잘하는 데 도움을 준다.

1) 자아상태와 인생태도

다음의 활동은 '나는 어떤 사람인가'라는 간략한 질문을 통해 일상생활에서 자아상태와 인생태도가 어떻게 나타나는지 알아차리게 한다.

나는 어떤 사람인가?
(○, X로 대답해 주세요)

- 나는 길을 걸을 때 신호등을 잘 지킨다. ( )
- 나는 불쌍한 사람을 보면 할 일이 있어도 우선은 도와준다. ( )
- 나는 문제가 생겼을 때 문제의 원인이 무엇인지 분석하여 처리한다. ( )
- 나는 즐겁고 신나게 생각하고 행동하면 고민이나 걱정이 사라진다. ( )
- 나는 사람들이 많으면 나의 생각을 표현하는 것이 어렵다. ( )

(1) 자아상태에 대한 이해

자아상태(ego state)란 일관된 유형의 감정, 경험 또는 직접 관련된 일관된 유형의 행동이다(Berne, 1964). 이는 부모 자아(Parent: P), 어른 자아(Adult: A), 어린이 자아(Child: C)로 나뉜다. 각 자아상태(P, A, C)는 상호 관련된 행동 단서들이 있다. 자아상태는 사람, 일, 문제, 상황 등에 따라 자유롭게 이동한다.

① 자아상태의 구조모델

다음의 표는 P, A, C 자아상태 모델의 관점에서 한 개인의 성격이 무엇으로 구성되어 있는지를 분석한 것이다(Stewart & Joines, 1987).

자아상태의 구조모델

자아상태(구조)		자아상태에 대한 설명	특성
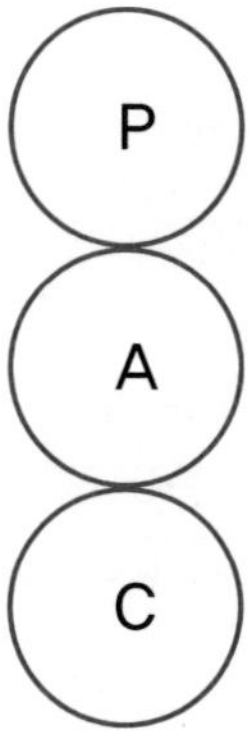	부모 자아상태 (Pareant ego state: P)	어린 시절 부모로부터 물려받은 행동, 사고, 감정 – 모방학습에 의해 형성 – 가르침을 받은 나	권위적, 비판적, 보호적 – 리더하는 역할 – 추진하는 역할
	어른 자아상태 (Adult ego state: A)	지금-여기에서 반응하는 행동, 사고, 감정 – 지식, 정보의 창고 – 생각하는 나	이성적, 현실적, 합리적 – 조정하는 역할 – 관찰 · 자각하는 역할
	어린이 자아상태 (Child ego state: C)	어린 시절 외부자극에 반응했던 행동, 사고, 감정 – 느낌 축적에 의한 형성 – 느끼는 나	본능적, 직관적, 순응적 – 창조적인 역할 – 동조하는 역할

② 자아상태의 기능모델

자아상태의 기능모델이란 한 개인의 성격적인 자아상태가 사람, 일, 문제, 상황 등에서 실제 어떻게 역할을 하는지를 기능적인 관점에서 분석하는 과정이다(Stewart & Joines, 1987). 자아상태 기능모델에는 통제적인 부모 자아상태(Controlling Parent ego state: CP), 양육적인 부모 자아상태(Nurturling Parent ego state: NP), 어른 자아상태(Adult ego state: A), 자유로운 어린이 자아상태(Free child ego state: Fc), 순응하는 어린이 자아상태(Adapted child ego state: Ac)가 있다.

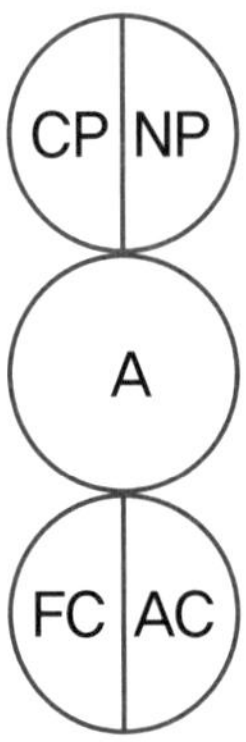

자아상태의 기능모델

자아상태(기능)	긍정적인 면	부정적인 면
통제적인 부모 자아상태 (Controlling Parent ego state: CP)	• 타인을 위한 충고 • 자신에게 엄격함 • 안전을 위한 규칙 • 양심, 도덕, 좋은 습관	• 일방적인 야단치기 • 비난, 비판 • 무시하기 • 강요하기, 억압
양육적인 부모 자아상태 (Nurturling Parent ego state: NP)	• 수용적, 동정 • 보호적, 양육적 • 격려적, 지원적, 관용적 • 공감적, 배려적, 지지, 칭찬	• 수다, 잔소리 • 과잉보호, 자주성 침해 • 의존성, 주체성 박탈 • 독립심 해침, 간섭
어른 자아상태 (Adult ego state: A)	• 정보수집지향, 사실지향적 • 분석적, 논리적 • 객관적, 합리적 • 이성적, 지성적, 현실지향적	• 타산적, 기계적 • 냉혈적 • 질문, 심문, 따짐, 취조 • 챙김, 설득적, 무감각적
자유로운 어린이 자아상태 (Free child ego state: Fc)	• 감성적, 직관적, 창조적 • 적극적, 자발적 • 개방적, 낙관적 • 강한 호기심 • 자율적, 솔직함	• 경솔, 가벼움, 충동 • 흥분하는, 잘난 척하는 • 개구쟁이, 동물적 • 자기중심적, 감정적
순응하는 어린이 자아상태 (Adapted child ego state: Ac)	• 인내심, 순응적, 타협적 • 비대결적, 협조적 • 신중성, 착한 아이 같은 • 조심스러운, 모범생	• 소극적, 폐쇄적 • 의존적, 타율적 • 자학적, 반항적 • 불안, 공포 • 소심한, 주저주저하는

③ 자아상태 활동

자아상태 분석

● 시각자료를 활용하여 자아상태에 대해 알아본다.

● CP가 높은 사람은 어떻게 말하고 행동하는가?

●NP가 높은 사람은 어떻게 말하고 행동하는가?

- A가 높은 사람은 어떻게 말하고 행동하는가?

- FC가 높은 사람은 어떻게 말하고 행동하는가?

- AC가 높은 사람은 어떻게 말하고 행동하는가?

조직에서 탐색 가능한 자아상태 분석해 보기

1. 이사가 주관하는 회의가 있는데 과장이 회의 중간에 헐레벌떡 들어와서 자리에 앉는다. 회의에 늦게 참석한 과장의 자아상태별 행동은 어떠한가?

- CP가 높은 과장:

- NP가 높은 과장:

- A가 높은 과장:

- FC가 높은 과장:

- AC가 높은 과장:

2. 회의를 주관하는 이사의 자아상태별 행동은 어떠한가?

● CP가 높은 이사:

● NP가 높은 이사:

● A가 높은 이사:

● FC가 높은 이사:

● AC가 높은 이사:

(2) 인생태도에 대한 이해

인생태도는 초기 경험을 바탕으로 내린 결정을 정당화하여 어릴 때 주 양육자와의 스트로크에 기초하여 형성되며, 자기나 타인 또는 세계에 대해 자신만의 가치를 부여하는 기본적인 태도를 의미한다. 교류분석에서는 인생태도를 부모와 자식 간의 접촉의 질 정도나 내용에 따라 네 가지로 분류한다(Berne, 1964).

인생태도		
유형	개요	특성
자기긍정-타인긍정 I'm OK-You're OK	나와 타인을 모두 긍정하는 인생태도이다.	자신도 이만하면 괜찮고 타인도 그만하면 괜찮다고 본다.
자기긍정-타인부정 I'm OK-You're not OK	나를 긍정하고 타인을 부정하는 인생태도이다.	자신을 과신하지만 타인의 존재나 능력을 인정하지 못한다.
자기부정-타인긍정 I'm not OK-You're OK	나를 부정하고 타인을 긍정하는 인생태도이다.	자신을 믿지 못하며 타인의 인정을 구하면서 상대방만 믿고 의지하려 한다.
자기부정-타인부정 I'm not OK-You're not OK	나와 타인을 모두 부정하는 인생태도이다.	인생은 살 만한 가치가 없다고 절망한다.

네 가지 인생태도가 우리에게 어떤 영향을 주는가

회사에서 5,000억 원짜리 프로젝트를 몇 달 동안 고생하여 만들었는데, 어이없는 실수로 프로젝트가 날아가는 상황이 생겼다. 조직 구성원은 어떻게 말하고, 어떻게 행동할 것 같은가?

● 상사의 입장: 부하직원에게 어떻게 반응할 것 같은가?

자기부정–타인긍정(I– U+)	자기긍정–타인긍정(I+ U+)
자기부정–타인부정(I– U–)	자기긍정–타인부정(I+ U–)

●부하직원의 입장: 상사에게 어떻게 반응할 것 같은가?

자기부정–타인긍정(I– U+)	자기긍정–타인긍정(I+ U+)
자기부정–타인부정(I– U–)	자기긍정–타인부정(I+ U–)

(3) 자아상태와 인생태도 검사 결과 해석하기

① 자아상태 검사 프로파일 그래프 그리기

자아상태 검사 프로파일이란 질문지를 통하여 다섯 가지 자아상태의 심리적 에너지양을 알아보고 그래프로 나타낸 것이다(Dusay, 1977)

자아상태 검사 프로파일

(별도 검사지 및 프로파일 활용)

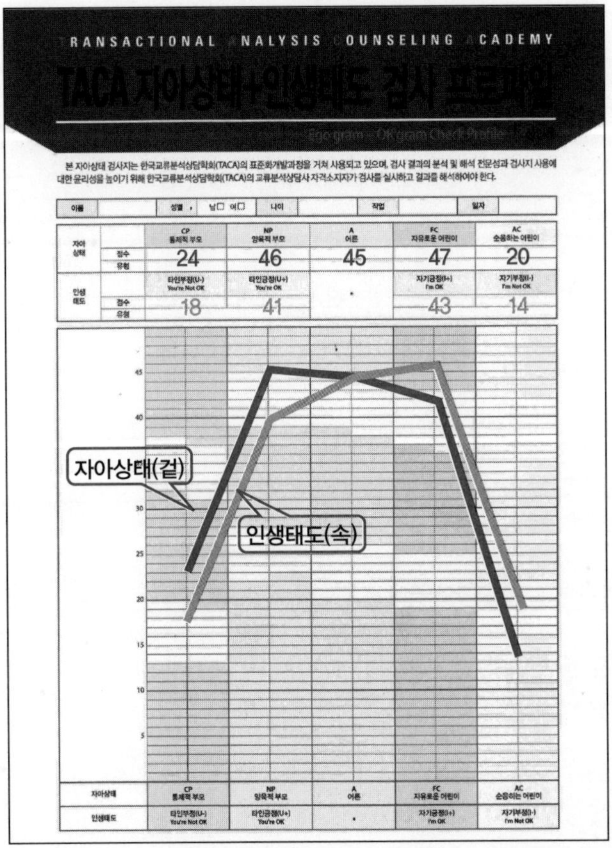

출처: 윤영진, 문호영, 김미례, 송준석, 이영호, 정정숙(2000)의 자아상태+인생태도 검사 프로파일에서 발췌함.

CP 보통(C)	NP 매우 높음(A)	A 매우 높음(A)	FC 매우 높음(A)	AC 낮음(D)
주도적	과보호적	기계적	충동적	독단적
• 예의 바른 • 도덕을 중시하는 • 책임감 있는 • 자기주장이 분명한 • 이상 추구적인 • 양심을 잘 지키는 • 규범적인 • 신념이 강한	• 지나치게 간섭하는 • 지나치게 보호적인 • 지나치게 보살피는 • 잔소리가 심한 • 자주성을 해치는 • 자기 안에 가두려 하는 • 구원자를 자처하는	• 컴퓨터 같은 • 몰두하는 • 맹목적으로 행동하는 • 인간미 없는 • 이해 타산적인 • 물질만능주의적인 • 무미건조한	• 제멋대로인 • 자기도취적인 • 열광적인 • 버릇이 없는 • 성미가 급한 • 욱하는 • 자기애적인 • 감정 조절이 안 되는 • 기분에따라 행동하는	• 이기적인 • 자기주장이 강한 • 반항적인 • 순순히 따르지 않는 • 자기중심적인 • 비협조적인 • 남을 의식하지 않는 • 혼자서 판단하는

유형 특징	활성화 방안	관계유지 방안
FC 주도형	독단적(낮은 AC)	의미 있는 시간을 보내려면
• 좋아하는 것에 깊이 빠지는 경향이 있다. • 재미가 없으면 지루해하며 감정표현을 잘한다. • 형식을 중시하지 않고 마음 내키는 대로 한다. • 다방면에 관심이 많으며 한 곳에 오래 머물지 못한다. • 일을 벌이기 좋아하지만 끝맺음이 잘 안 된다. • 조직적이거나 틀에 박힌 것을 싫어하고 자유분방하다. • 직관력과 상상력이 뛰어나다. • 충동적이고 즉흥적이며 산만하다.	• 타인의 의견에 귀를 기울이기 • 자발적으로 모임에 참가하기 • 모임에서 결정된 사항에 따르기 • 상대방의 마음에 들도록 노력하기 • 불만을 즉시 말하지 않고 참아 보기 • 불평불만이 있을 때 반대 시각으로 생각하기 • 타인의 비위를 맞추려고 하기 • 타인과 함께하는 모임을 즐기기 • 자기 전에 하루 일을 생각해 보기 • 하루에 감사한 일을 두 가지씩 적어 보기 • 거울을 보고 품위 있는 표정 지어 보기 • 전체가 좋다면 자기 의견을 기분 좋게 양보하기	• 기분이나 감정을 충분히 알아 주고 공감해 주며, 가능하면 칭찬과 인정을 해 주면서 받아 주면 된다.

② 인생태도 검사 프로파일 그리기

인생태도(Life Postion)® 분석 Practice

◀1단계: 인생태도 검사 점수 적기

인생태도 / 점수	타인부정(U-)	타인긍정(U+)	자기긍정(I+)	자기부정(I-)
인생태도 점수	18	41	43	14
인생태도 유형				

◀2단계: 그래프 그리기

- 4개의 점을 찍고 직선을 연결하여 사각형 모양을 만듦

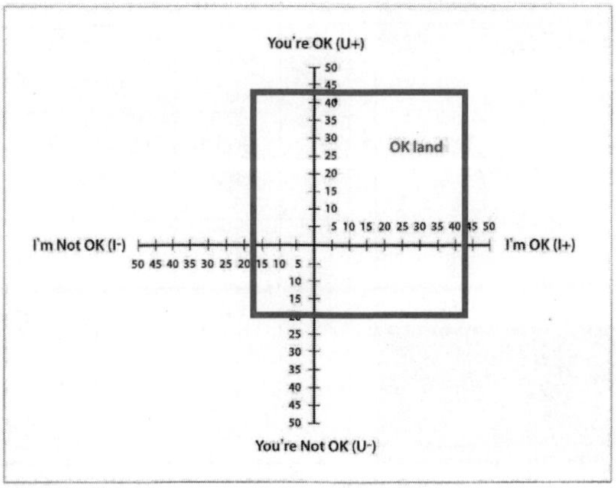

◀3단계: 자신의 인생태도 자각하기

- 가장 넓은 영역은 어느 영역인가?
- 두 번째로 넓은 영역은 어디인가?

◀4단계: OK Land 만들기

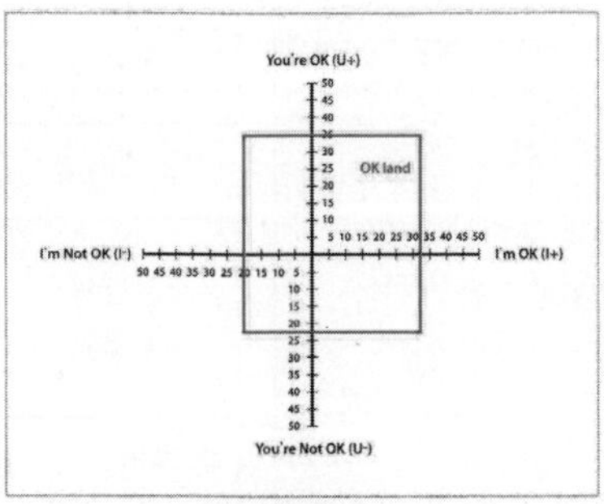

예제) 인생태도 그리기

인생태도 유형
I'm OK–You're OK 자기긍정–타인긍정
인생태도 작용
– 타인과 협력, 건강한 태도 – 자타조화 및 공존, 친밀, 친교, 참다운 인간존중 – 긍정적 감정으로 문제를 해결 – 진정한 감정, 기쁨
인생태도 · 성격특성
– '나도 OK, 당신도 OK이다'라는 건설적인 인생관을 가지고 사는 사람이다. – NP를 정점으로 하여 AC로 내려가는 산형이다. – NP나 A의 기능이 강한 것이 특징이다. – 타인과 친밀한 관계를 쉽게 가질 수 있다. – 자신의 감정을 일차적이며 적절하게 표현할 수 있다. – 상보교류가 이루어지는 원만한 인간관계를 가진다. – 이런 유형의 사람과 같이 있으면 긍정의 에너지를 느낄 수 있다.

인생태도와 행동유형 자기분석

다음 표의 인생태도의 내용이 자신에게 잘 맞는 정도에 따라 문장 옆의 빈칸에 아래와 같이 표시해 보세요.
◎ 매우 그렇다　　○ 그렇다
△ 그저 그렇다　　× 그렇지 않다

행동유형			
관계	타인	모든 사람과 원만한 인간관계	
	자기	– 자기존중 – 사람은 소중한 존재라고 생각함	
	불일치 처리	불일치 근원을 찾아보고, 해결방법을 모색함	
감정 처리	분노	분노의 일치적(적절한) 표현	
	두려움	두려워할 때 두려워하는 자유가 있음	
의사소통		개방적 · 일치적	
인생관		– 지금 여기에서의 삶 – 변화하려는 자유 – 승자의 생활	
역할과 책임		늘 수용할 자세를 가짐	
문제해결		자신감을 가지고 타인과 대화함	
시간의 구조화		– 필요한 행동을 함 – 게임 안 함 – 잘 어울림	
자기표상		평등감	

출처: 윤영진, 문호영, 김미례, 송준석, 이영호, 정정숙(2000)의 자아상태+인생태도 검사 프로파일에서 발췌함.

③ 자아상태 해석하기

자아상태 기능별 성격 특성

	매우 높음 A	높음 B	보통 C	낮음 D	매우 낮음 E
CP (통제적 부모)	남 39 이상 여 38 이상	남 38~33 여 37~32	남 32~21 여 31~20	남 20~14 여 19~14	남 13~10 여 13~10
	[공격적] 폭력적인 명령하는 공격하는 지나치게 비난하는 엄격한 신경질을 잘 내는 버럭대는	[통제적] 지배하는 책임감 강한 원칙을 중시하는 타인배려가 부족한 불평이 많은 자기중심적인 단정적인 권위적인	[주도적] 예의 바른 도덕을 중시하는 책임감 있는 자기주장 분명한 이상 추구적인 양심을 잘 지키는 규범적인 신념이 강한	[무절제한] 책임감 부족한 규칙을 중시하지 않는 예의 부족한 자기주장 약한 주의력 부족한 무심한 철저하지 못한 양심에 위배되는	[느긋한] 느긋한 고삐 풀린 태연한 척하는 느려 터진 나약한 얽매이지 않는 태평스러운 구분이 없는
NP (양육적 부모)	남 46 이상 여 46 이상	남 45~40 여 45~40	남 39~29 여 39~29	남 28~23 여 28~24	남 22~10 여 23~10
	[과보호적] 지나치게 간섭하는 지나치게 보호하는 지나치게 보살피는 잔소리가 심한 자주성을 해치는 자기 안에 가두려 하는 구원자를 자처하는	[헌신적] 사랑이 넘치는 희생적인 상냥한 베푸는 돌보는 배려하는 이타적인 거절하지 않는	[보호적] 따뜻한 온화한 모성적인 수용하는 공감적인 격려하는 지지하는 양육적인	[방임적] 인정미 부족한 배려심이 부족한 공감능력 약한 타인관심이 부족한 관여하지 않으려는 타인과 거리를 두는 포용력이 부족한 다가가기 힘든	[냉담한] 차가운 쌀쌀맞은 거절하는 무시하는 나 몰라라 하는 냉정한 쓸쓸해하는 애정이 결핍된
A (어른)	남 46이상 여 45이상	남 45~40 여 44~39	남 39 ~27 여 38 ~27	남 26~21 여 26~21	남 20~10 여 20~10
	[기계적] 컴퓨터 같은 몰두하는 냉정한 맹목적으로 행동하는 인간미가 없는 이해 타산적인 물질만능주의적인 무미건조한	[경직된] 무표정한 무감정적인 차가운 수동적인 냉담한 사람보다 일 중심인 흐트러지지 않는	[현실적] 논리적인 계획적인 분석적인 객관적인 합리적인 이해력이 있는 이성적으로 판단하는 감정에 치우치지 않는	[즉흥적] 무계획적인 일관성이 부족한 생각 나는 대로 하는 사고력이 부족한 차분하지 못한 우왕좌왕하는 순서가 없는 앞뒤 분간을 못하는	[비현실적] 판단이 부정확한 불분명한 현실을 무시하는 흐리멍텅한 정리정돈이 안 되는 일 처리가 안 되는 어찌할 줄 모르는 이성적사고가 안 되는

	남 44 이상 여 44 이상	남 43~38 여 43~37	남 37~26 여 36~26	남 25~20 여 25~20	남 19~10 여 19~10
FC (자유로운 어린이)	[충동적] 제멋대로인 자기도취적인 열광적인 버릇이 없는 성미가 급한 욱하는 자기애적인 감정 조절이 안 되는 기분에 따라 행동하는	[자유분방한] 개구쟁이 같은 무책임한 자기중심적인 스스럼 없는 현실감이 떨어지는 걱정되는 무질서한	[개방적] 감성적인 솔직한 명랑한 쾌활한 적극적인 자발적인 창의적인 직감적인 활기찬 즐거운	[폐쇄적] 소극적인 회피하는 즐기려하지 않는 가사에만 전념하는 감정을 억제하는 개성이 없는 침묵하는 말이 없는	[틀어박히는] 어둡고 침울한 사람을 기피하는 외출을 싫어하는 의욕을 잃은 감정이 없는 행동하지 않는 표정이 없는 의기소침한
	남 42 이상 여 43 이상	남 41~35 여 42~36	남 34~23 여 35~23	남 22~16 여 22~17	남 15~10 여 16~10
AC (순응적인 어린이)	[우울한] 열등적인 자기를 깎아내리는 지나치게 눈치 보는 자학적인 자기를 비하하는 자기를 속박하는 걱정을 많이 하는	[의존적] 감정을 누르는 타인을 더 중시하는 내세우지 않는 지나치게 겸손한 망설이고 조심하는 자주성이 없는 우유부단한 저만치 떨어져 있는	[순용적] 타협적인 협조적인 양보하는 희생도 감수하는 상대에 맞추려는 타인을 의식하는 신중한 차분한 인내하는	[독단적] 이기적인 자기주장이 강한 반항적인 순순히 따르지 않는 자기중심적인 비협조적인 혼자서 판단하는 남을 의식하지 않는	[고집스런] 고집불통 심술궂은 자신을 굽히지 않는 가까이하기 어려운 독선적인 적대적인 자만심에 빠져 있는

출처: 윤영진, 문호영, 김미례, 송준석, 이영호, 정정숙(2000)의 자아상태+인생태도 검사 프로파일에서 발췌함.

④ 인생태도 해석하기

타인긍정
You're OK

작용: 타인을 회피
자기부정-타인긍정, 우울한 태도
자타경시, 죄책감, 가출,
대인공포, 두려움, 교류 회피, 혼돈,
열등의식, 콤플렉스
"나보다 잘난 사람들과는 가능하면
교류를 피하고 싶어!"
진정한 감정: 슬픔(sad)

작용: 타인과 협력
자기긍정-타인긍정, 건강한 태도
자타조화 및 공존,
친밀, 친교, 참다운 인간존중,
긍정적 감정, 문제해결력
"나는 OK 왕국의 왕자/공주예요.
OK 랜드에서 행복하게 살죠."
진정한 감정: 기쁨(glad)

자기부정
I'm not OK

자기긍정
I'm OK

작용: 난국에 처한 상황
자기부정-타인부정, 절망적인 태도
자기와 타인불신, 허무주의,
포기, 거절, 폐쇄, 자해, 자살
"나는 뭘 해도 안 되는
쓸데없는 사람이야!"
진정한 감정: 두려움(fear)

작용: 타인을 제거
자기긍정-타인부정, 방어적 태도
배타적, 공격적, 우월감,
비행, 폭력, 타살, 범죄행위
"나는 심술쟁이인 것 같아!
툭 하면 혼내 주곤 하거든!"
진정한 감정: 분노(anger)

타인부정
You're not OK

출처: 윤영진, 문호영, 김미례, 송준석, 이영호, 정정숙(2000)의 자아상태+인생태도 검사 프로파일에서 발췌함.

⑤ 자아상태 에너지와 인생태도 에너지 사용처 탐색하기

자아상태 에너지 사용처 탐색하기

● CP 자아상태 에너지를 주로 누구에게 사용하는가?

가정

직장

● NP 자아상태 에너지를 주로 누구에게 사용하는가?

가정

직장

● A 자아상태 에너지를 주로 누구에게 사용하는가?

가정

직장

● FC 자아상태 에너지를 주로 누구에게 사용하는가?

가정

직장

● AC 자아상태 에너지를 주로 누구에게 사용하는가?

가정

직장

인생태도 에너지 사용처 탐색하기

● 자기긍정–타인긍정 에너지를 주로 누구에게 사용하는가?

가정

직장

● 자기긍정–타인부정 에너지를 주로 누구에게 사용하는가?

가정

직장

● 자기부정–타인긍정 에너지를 주로 누구에게 사용하는가?

가정

직장

● 자기부정–타인부정 에너지를 주로 누구에게 사용하는가?

가정

직장

자아상태와 인생태도 해석 활동하기

- 자신의 자아상태와 인생태도를 팀원들에게 돌아가면서 설명하기

자신의 자아상태 특성	자신의 인생태도 특성

- 자아상태와 인생태도에 대해 의견 나누기(질문하기, 추가하기, 공감하기)

- 자신과 팀원 간의 자아상태 및 인생태도에 대해 소감 나누기

2) 오염과 배제

오염과 배제는 일상생활에서 빈번하게 일어나기 때문에 인간관계 갈등을 유발하는 핵심 요인이 될 수 있다. 건강한 자아상태를 회복하고 유지하기 위해서는 오염과 배제에 대해 탐색하는 것이 매우 중요하다.

(1) 오염

오염(contamination)이란 하나의 자아상태가 다른 자아상태의 경계 속에 침입하는 것을 의미한다. 어린 시절의 경험과 결단 그리고 부모의 편견과 생활 방식에 의해 일어난다. A가 오염된 경우 외적 영역과 바른 행동 등 모든 것이 갖추어진 것처럼 보이지만 P나 C가 A와의 경계가 허물어져 있기에 편파적 정보를 제공하게 된다(Berne, 1961).

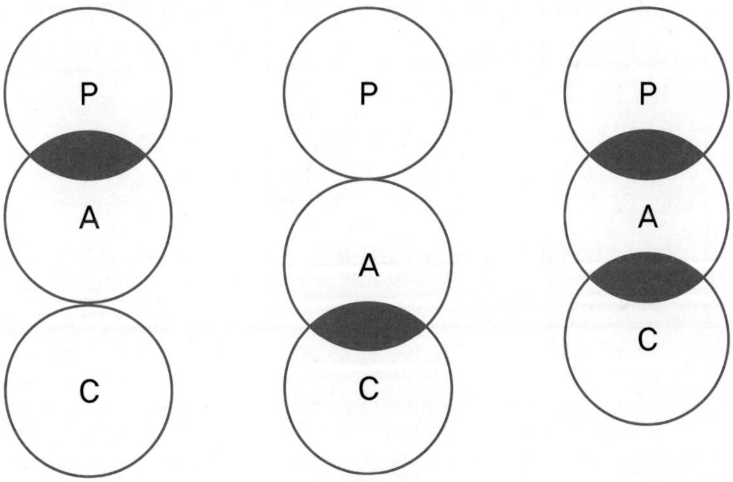

P(부모 자아)로부터 오염 C(어린이 자아)로부터 오염 P와 C로부터 이중오염

구분	내용	예시
P오염(편견)	• P의 슬로건을 A의 사실로 잘못 인식했을 때를 말한다. • 부모나 사회로부터 받아들인 가치관이나 규범을 객관적인 검토 없이 개인, 집단, 직업, 종교, 민족, 인종 등을 왜곡하여 판단하거나 배타적 감정을 나타내는 반응의 총체다.	• 남자는 다 늑대다. • 부자는 비도덕적이다. • 여자는 다 여우다. • 한 우물만 파라.
C오염(망상)	• 사실처럼 받아들여지는 환상으로, 아동기 시절부터 가져온 신념이며 사실에 근거한 것이 아니라 감정에 의해 발생한 상상으로 어린 시절 외상적 경험이 많은 경우를 말한다.	• 나는 잘하는 게 없어. • 누가 나를 추적하고 있어. • 사람들은 나를 싫어해
P와 C오염 (이중오염)	• A가 거의 기능을 못하는 상태이기에 언행 불일치, 사고나 태도 등의 반전 감정의 억제나 폭발 등을 보인다. • 대부분의 오염은 이중적인 오염일 가능성이 크다. 내용은 자신이나 다른 사람, 세상에 대한 낡고 왜곡된 신념으로 심리적 문제까지 가지 않으나 이중오염은 심리적 문제로서 자타부정의 인생태도가 높을 때 나타난다.	• 사람들은 누구도 믿을 수 없어. • 세상은 부정으로 가득 차 있어. • 나는 되는 게 하나도 없어.

1. P오염 탐색하기

- 비합리적인 원칙이나 신념을 고집하고 내세운 경험은 무엇이 있는가?

- 원하지 않는 배려 및 도움을 주고 상처를 주었거나 받은 경험은 무엇이 있는가?

2. C오염 탐색하기

- 어린 시절에 받은 상처로 인하여 힘든 경험은 무엇이 있는가?

- 최근에 상처받고 표현하지 못한 경험은 무엇이 있는가?

3. P와 C오염(이중오염) 탐색하기

- 비합리적 신념으로 비상식적인 감정을 표출한 경험은 무엇이 있는가?

(2) 배제

배제(exclusion)란 P, A, C 심리적 에너지의 자유로운 이동을 허락하지 않아 전형적으로 하나 또는 두 개의 자아상태를 제외시키는 현상이다(정원철, 2017).

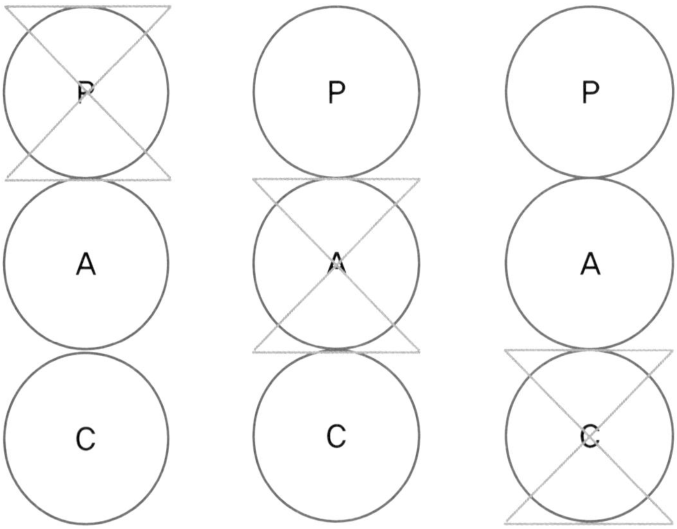

P(부모 자아)가 배제된 경우 / A(어른 자아)가 배제된 경우 / C(어린이 자아)가 배제된 경우

구분	내용	예시
P 배제	P는 배제시키고 A와 C만 활성화 되어 있다.	
A 배제	A는 배제시키고 P와 C가 각각 활성화 되어 있다.	
C 배제	C는 배제시키고 P와 A만 활성화 되어 있다.	
P · A · C 일관	두 개 이상의 자아상태를 배제시키고 하나의 자아상태만 활성화되어 있다	• P 일관: P에너지만 사용 • A 일관: A에너지만 사용 • C 일관: C에너지만 사용

1. P 배제 탐색하기

- 자신의 원칙과 신념 없이 타인의 신념에 맹목적으로 따른 경험은 무엇이 있는가?

- 타인의 감정이나 입장을 전혀 고려하지 않고 행동한 경험은 무엇이 있는가?

2. A 배제 탐색하기

- 자기 생각이나 중심이 없이 혼란스럽게 행동한 경험은 무엇이 있는가?

3. C 배제 탐색하기

- 감정이 없는 듯 무관심하게 행동한 경험은 무엇이 있는가?

- 상황이나 타인을 고려하지 않고 막무가내로 행동한 경험은 무엇이 있는가?

2. 인간의 마음에 대한 이해

1) 마음에 대한 이해

마음이란 욕구와 감정을 말한다. 마음은 뇌에 있고, 뇌는 일하는 뇌, 욕망의 뇌, 노는 뇌로 구성되어 있다. 일하는 뇌와 욕망의 뇌는 마음의 에너지를 소비하고, 노는 뇌를 사용할 때 마음의 에너지가 충전된다. 노는 뇌를 사용하게 되면 전두엽은 활성화되고, 편도체와 DMN(Default Mode Network) 영역은 안정되어 뇌를 충전하는 것이다. 노는 뇌를 사용하기 위해서는 무엇을 하느냐 보다 어떻게 하느냐가 매우 중요하다.

- 나의 현재 마음 상태는 어떠한가?

매우 안 좋다 ... 매우 좋다

-10 -9 -8 -7 -6 -5 -4 -3 -2 -1 0 +1 +2 +3 +4 +5 +6 +7 +8 +9 +10

2) 욕구에 대한 이해

욕구란 무언가를 바라거나 얻고자 하는 인간행동의 중요한 동기이며, 개인의 성장과 발달의 원동력이 된다. 따라서 욕구이론은 많은 심리학자의 관심 대상이 되고 있다.

다양한 욕구

- 인간의 기본 욕구: 접근의 욕구, 회피의 욕구
- 인간의 생존 욕구: 먹는 욕구, 사랑의 욕구, 힘의 욕구
- 인간관계의 욕구: 친밀성의 욕구, 자율성의 욕구
- 소통의 욕구: 마음을 알아 달라는 욕구, 현실적인 욕구
- 매슬로의 욕구: 생리적 욕구, 안전의 욕구, 사랑과 소속감의 욕구, 자신과 타인에 대한 존중의 욕구, 자아실현의 욕구
- 프로이트의 욕구: 성의 욕구, 힘의 욕구
- 에릭 번의 욕구: 스트로크의 욕구, 구조화의 욕구, 태도의 욕구

- **나의 삶에서 충족된 욕구는 무엇인가?**

- **나의 삶에서 충족되지 않는 욕구는 무엇인가?**

---

3) 감정에 대한 이해

인간의 기본 감정은 기쁨, 슬픔, 화, 두려움이 있다. 감정은 자연스러운 것이나 행동은 규범의 통제를 받는다. 모든 감정은 자연스러운 것이므로 감정 자체는 용납되고 인정되어야 한다. 감정에 따른 행동은 인간관계와 사회적 규범에 맞도록 통제되고 절제되어야 한다. 그렇기 때문에 감정 자체와 감정행동을 구분하는 것이 필요하다.

사람은 기쁨이 부족하면 지치고 피곤해진다. 기쁨의 양이 부정적인 감정을 합한 양보다 조금이라도 많으면 사는 것이 행복하다고 느끼게 되고, 그 반대이면 불행하다고 느끼게 된다. 그래서 행복하기 위해서는 기쁨을 늘리거나 부정적인 감정을 줄이는 노력을 해야 한다.

부정적인 감정을 줄이기 위해서는 진실된 감정과 욕구를 알아차리고 진솔하게 말하는 것이 필요하다. 교류분석에서는 이를 라켓감정이라고 하는데, 라켓감정이란 진실된 감정을 대체하여 표현되는 감정 또는 미해결된 감정이 지금 여기에서 표현되는 감정을 뜻한다.

- **지난 일주일 동안 어떠한 감정을 많이 느꼈는가? (기쁨, 슬픔, 화, 두려움)**

- **지난 일주일 동안 기쁨, 슬픔, 화, 두려움을 느낀 정도는 어떠한가?**

	매우 약하다									매우 강하다
기쁨	1	2	3	4	5	6	7	8	9	10
슬픔	1	2	3	4	5	6	7	8	9	10
화	1	2	3	4	5	6	7	8	9	10
두려움	1	2	3	4	5	6	7	8	9	10

- **기쁨의 양과 슬픔, 화, 두려움을 합한 양이 어떠한가?**

  – 기쁨 (　　　점)

  – 슬픔 + 화 + 두려움 (　　　점)

- **나의 마음 상태는 어떠한가?**

---

4) 감정과 욕구와의 관계 이해

욕구가 이루어지면 기쁨이, 욕구가 좌절되면 슬픔이, 욕구가 침해당하면 화가, 욕구가 무엇인지 모르거나 알아도 불확실하면 두려움이 생긴다.

마음속에 생긴 화, 서운함, 억울함 등 부정적인 감정을 진솔하게 밖으로 드러내지 못하면 미해결된 감정(라켓감정)이 마음속에 쌓여 홧병, 암 등을 유발하게 된다. 마음속에 생겨난 진실한 감정을 찾아 진실된 욕구와 함께 진솔하게 표현하면 마음에 저장되지 않고 해소된다. 그러나 진실한 감정이 아닌 라켓감정(거짓감정)이나 거짓욕구를 표현하게 되면 아무리 표현해도 해소되지 않고, 진실한 감정과 욕구는 억압되어 마음속에 스트레스 형태로 저장된다. 그렇게 저장된 스트레스는 홧병이나 암을 유발할 수도 있다.

부정적인 감정을 지속적으로 거부하고 억압하면 긍정적인 감정도 거부되는 감정불능증을 가지게 될 수 있다. 감정불능증을 가지게 되면 통증도 못 느끼게 된다. 따라서 일상생활에서 일어나는 부정적인 감정을 해소하려면 진실한 감정(진짜감정)을 만나 표현하고 공감받아야 한다. 대표적인 공감의 언어는 "속상하시군요." "서운하시군요." 등이 있다.

- **최근에 어떠한 욕구가 충족되어 기쁨을 느낀 적이 있는가?**

- **최근에 어떠한 욕구가 무시당하여 화가 난 적이 있는가?**

- **최근에 어떠한 욕구가 좌절되어서 슬픔을 느낀 적이 있는가?**

- **최근에 어떠한 욕구가 불확실하여 두려움을 느낀 적이 있는가?**

5) 마음의 에너지, 스트로크에 대한 이해

스트로크(stroke)는 마음에 주어지는 인정자극으로, 마음 에너지(자아상태)를 만드는 원천이다. 스트로크는 긍정 스트로크와 부정 스트로크로 구분할 수도 있고, 언어 스트로크와 비언어 스트로크, 조건 스트로크와 무조건 스트로크로도 구분할 수도 있다. 또한 스트로크는 인정 · 칭찬 · 스킨십 · 시간 · 선물 · 봉사 스트로크로 나눌 수도 있다.

스트로크는 타이밍, 질, 양도 매우 중요하다. 스트로크의 질은 상대방에 대한 축적된 감정이 결정한다. 긍정적인 스트로크가 들어오면 긍정 스트로크를 수집하게 되고, 부정적인 스트로크가 들어오면 부정 스트로크를 수집하게 된다. 수집된 스트로크는 일정 수준이 되면 자연스럽게 교환하게 된다.

일상생활에서 사용되는 긍정 스트로크는 칭찬, 격려, 인정, 공감, 배려, 포상, 이해 등이 있고, 부정 스트로크는 비난, 비판, 험담, 불평, 징계, 질책, 훈계, 잔소리 등이 있다.

3. 인간의 마음 탐색

1) 스트로크 필터 탐색하고 경험하기

(1) 자신의 스트로크 코드 찾기

스트로크 코드는 개인에 따라 다르게 나타난다. 즉, 장소, 음악, 사람, 말, 글, 행동, 생각, 자연, 냄새, 소리, 돈, 음식, 선물, 신체접촉, 태몽 등에 따라 다양한 스트로크 코드를 찾을 수 있다.

스트로크 중 사랑의 코드 찾기: 인정과 칭찬, 스킨십, 선물, 시간, 봉사

- **스트로크 중 내가 가진 두 가지 사랑의 코드는 무엇인가?**

1코드:	2코드:

- **오감에 따른 스트로크 코드는 무엇인가?**

• 시각: • 청각: • 촉각: • 후각: • 미각:

- **다양한 상황별 스트로크 코드는 무엇인가?**

• 장소: • 음식:

(2) 스트로크 주고받기 연습

인정이란 내가 한 행동을 알아차려 주는 것, 내가 가진 것을 알아차려 주는 것, 나의 말에 동의해 주는 것, 나의 상태(몸과 마음)를 알아차려 주는 것이다.

● 나는 무엇을 인정받고 싶어 하는가?

1.

2.

3.

칭찬이란 내가 한 행동과 가진 것을 좋게 말해 주는 것이며, 겉으로만 칭찬하는 경우도 많다. 대부분의 칭찬은 비교와 평가를 동반하기 때문에 신중해야 한다. 상대방을 조종하기 위해서 하는 칭찬은 심리적 게임이므로 하지 말아야 한다. 예를 들면, 일을 더 시키기 위해 잘한다고 칭찬하는 경우 등이 있다.

● 나는 무엇을 칭찬받고 싶어 하는가?

1.

2.

3.

존재에 대한 칭찬 배우고 연습하기

예시문

- 당신이 있어서 행복합니다.
- 당신과 함께해서 기쁩니다.
- 당신이 내 아내(남편)여서 고맙습니다. 사랑합니다.
- 당신이 내 동료(선배, 후배)여서 든든합니다.
- 오늘도 당신을 보니 왠지 기분이 좋습니다.
- 나는 당신을 믿습니다.
- 당신은 나에게 정말 중요한 사람입니다.

기대와 소망에 대한 칭찬 배우고 연습하기

예시문

- 당신의 표정을 보니, 10년 후에는 크게 될 것 같습니다.
- 당신은 왠지 믿음이 갑니다.
- 당신이 해낼 줄 알았습니다.
- 당신은 할 수 있을 겁니다.
- 당신만이 그 일을 할 수 있습니다.
- 당신은 해피 바이러스입니다.

(3) 자신이 받고 싶은 스트로크와 피하고 싶은 스트로크 탐색하기

- 나는 이런 말을 들을 때 정말 좋더라!

1.

2.

3.

- 나는 이런 스킨십이 정말 좋더라!

1.

2.

3.

- 나는 이런 선물을 받을 때 정말 좋더라!

1.

2.

3.

- 나는 이런 도움을 받을 때 정말 좋더라!

1.

2.

3.

- 나는 상사나 동료와 이런 시간을 보낼 때 정말 좋더라!

1.

2.

3.

- 나는 이런 말을 들을 때 정말 싫더라!

1.

2.

3.

● 나는 이런 스킨십이 정말 싫더라!

1.

2.

3.

● 나는 이런 선물을 받을 때 정말 싫더라!

1.

2.

3.

● 나는 이런 도움을 받을 때 정말 싫더라!

1.

2.

3.

- **나는 상사나 동료와 이런 시간을 보낼 때 정말 싫더라!**

1.

2.

3.

- **자신이 받고 싶은 스트로크 연습하기**

  – 2인 1조로 짝을 지어 받고 싶은 스트로크를 상대에게 준다.
  – 상대가 긍정 스트로크를 주면 "고맙습니다."라고 반응한다.
  – 연습이 끝나면 역할을 바꾸어 수행한다.

- **자신이 피하고 싶은 스트로크 연습하기**

  – 2인 1조로 짝을 지어 피하고 싶은 스트로크를 상대에게 준다.
  – 상대가 부정 스트로크를 주면 "싫어요. 하지 마세요."라고 반응한다.
  – 연습이 끝나면 역할을 바꾸어 수행한다.

2) 스트로크 프로파일 탐색하고 경험하기

(1) 긍정 스트로크 탐색하고 연습하기

탐색질문

- **지난 일주일 동안 긍정 스트로크를 준 것은 어느 정도인가?**

매우 적다 — 매우 많다

❶ ❷ ❸ ❹ ❺ ❻ ❼ ❽ ❾ ❿

- **지난 일주일 동안 긍정 스트로크를 받은 것은 어느 정도인가?**

매우 적다 — 매우 많다

❶ ❷ ❸ ❹ ❺ ❻ ❼ ❽ ❾ ❿

연습 예시문

- 대단합니다.
- 고맙습니다.
- 파이팅!
- 천재십니다.
- 친절하십니다.
- 역시!
- 잘하셨습니다.
- 좋습니다.
- 괜찮아요!
- 믿습니다.
- 굉장합니다.
- 해냈군요!
- 멋지십니다.
- 좋은 느낌입니다.
- 사랑합니다.
- 당신이 소중합니다.
- 최고입니다.
- 똑똑합니다.
- 기쁩니다.
- 훌륭합니다.
- 특별합니다.
- 착하십니다.
- 놀랍습니다.
- 힘내십시오!
- 듬직합니다.
- 앞으로 기대됩니다.
- 용감합니다.
- 아이디어가 좋습니다.
- 노력하고 있군요.
- 힘이 넘치십니다.
- 역시 다르군요!
- 존경합니다.
- 예쁘십니다.
- 자랑스럽습니다.
- 잘하고 계십니다.
- 지금 이대로 충분합니다.

연습하기

- **2인 1조 짝을 지어 상대방과 연습 예시문으로 긍정 스트로크를 주고받는 연습을 해 본다.**

(2) 긍정 스트로크 수용 탐색하고 연습하기

탐색질문

● 지난 일주일 동안 긍정 스트로크를 수용한 것은 어느 정도인가?

매우 적다 ❶ ❷ ❸ ❹ ❺ ❻ ❼ ❽ ❾ ❿ 매우 많다

연습 예시문

- 참 예쁘시네요! ········ 감사합니다. 저 좀 예쁘죠!
- 잘하셨습니다 ········ 고맙습니다. 저 이번에 정말 잘했죠!
- 최고입니다. ········ 감사합니다. 저 좀 멋지죠!
- 대단하십니다. ········ 고맙습니다. 좋게 봐 주셔서 감사합니다.
- 훌륭하십니다. ········ 감사합니다. 덕분입니다.

연습하기

● 2인 1조 짝을 지어 상대방과 연습 예시문으로 긍정 스트로크를 수용하는 연습을 해 본다.

(3) 부정 스트로크 수용 탐색하고 연습하기

탐색질문

● **지난 일주일 동안 부정 스트로크를 수용한 것은 어느 정도인가?**

매우 적다 ① ② ③ ④ ⑤ ⑥ ⑦ ⑧ ⑨ ⑩ 매우 많다

연습 예시문

- 싫어요. ………… 싫으신가 보군요.
- 안 할래요. ………… 하고 싶지 않으신가 보군요.
- 내가 왜 해요? ………… 다른 사람이 했으면 하는군요.
- 지금 하기 싫어요. ………… 나중에 하고 싶은가 보군요.
- 나는 이런 것을 못해요. ………… 이런 것을 잘 못해서 하고 싶지 않군요.

연습하기

● **2인 1조 짝을 지어 상대방과 연습 예시문으로 부정 스트로크를 수용하는 연습을 해 본다.**

(4) 긍정 스트로크 요청 탐색하고 연습하기

탐색질문

- 지난 일주일 동안 긍정 스트로크를 요청한 것은 어느 정도인가?

매우 적다 ❶ ❷ ❸ ❹ ❺ ❻ ❼ ❽ ❾ ❿ 매우 많다

연습 예시문

- 예쁘다고(멋지다고) 해 주세요.
- 잘했다고 해 주세요.
- 고맙다고 해 주세요.
- 최고라고 해 주세요.
- 성실하다고 해 주세요.
- 대단하다고 해 주세요.
- 괜찮다고 해 주세요.

연습하기

- 2인 1조 짝을 지어 상대방과 연습 예시문으로 스트로크를 요청하는 연습을 해 본다.

(5) 부정 스트로크 거부 탐색하고 연습하기

탐색질문

- **지난 일주일 동안 부정 스트로크를 거부한 것은 어느 정도인가?**

매우 적다 1 2 3 4 5 6 7 8 9 10 매우 많다

선언문

상대방이 '버럭' 하고 나에게 화낼 이유는 거의 없다. 그럼에도 불구하고, 나에게 '버럭' 화내는 이유는 다른 곳에서 받은 상처를 성숙한 나에게 치유받고 싶어서 '살려 달라' '도와 달라' '알아 달라'고 외치는 것이다.

연습 예시문

- 당신이 힘들어서 그렇게 말하는군요.
- 당신이 속상해서 그렇게 행동하는군요.
- 당신이 화가 나서 그렇게 소리를 지르면서 말하는군요.

연습하기

- **2인 1조 짝을 지어 상대방과 연습 예시문으로 스트로크를 거부하는 연습을 해 본다.**

(6) 셀프 스트로크 탐색하고 연습하기

탐색질문

- 지난 일주일 동안 셀프 스트로크를 준 것은 어느 정도인가?

매우 적다 ① ② ③ ④ ⑤ ⑥ ⑦ ⑧ ⑨ ⑩ 매우 많다

연습 예시문

- 지금 이대로도 충분해!
- 나부터 챙겨도 괜찮아!
- 역할이 서툴러도 괜찮아!
- 겸손하지 않아도 괜찮아!
- 화내도 괜찮아!
- 내가 나인 것이 좋아! 정말 좋아!
- 나는 존중받을 가치가 있어!
- 타인의 부당한 요구를 거절해도 괜찮아.
- 타인의 무례한 태도로부터 자신을 보호해도 돼.

연습하기

- 자신을 나비포옹으로 안아 주며 연습 예시문으로 셀프 스트로크를 주는 연습을 해 본다.

3) 가정과 직장에서 마음 탐색하고 경험하기

(1) 가정에서의 마음 탐색하고 경험하기

- **지난 일주일 동안 가정에서의 마음 상태는 어떠한가?**

매우 안 좋다 매우 좋다

1 2 3 4 5 6 7 8 9 10

– 현재 점수의 마음 상태를 경험해 본다.

– 1~2점 정도 올리기 위해서는 어떤 스트로크를 누구에게 받고 싶은가?

– 1~2점 정도 올리기 위해서는 어떤 스트로크를 누구에게 주고 싶은가?

– 1~2점 정도의 스트로크를 주고받았을 때 마음이 어떠한가?

(2) 직장에서의 마음 탐색하고 경험하기

- **지난 일주일 동안 직장에서의 마음 상태는 어떠한가?**

매우 안 좋다 매우 좋다

1 2 3 4 5 6 7 8 9 10

– 현재 점수의 마음 상태를 경험해 본다.

– 1~2점 정도 올리기 위해서는 어떤 스트로크를 누구에게 받고 싶은가?

– 1~2점 정도 올리기 위해서는 어떤 스트로크를 누구에게 주고 싶은가?

– 1~2점 정도의 스트로크를 주고받았을 때 마음이 어떠한가?

4) 인간관계 스트로크 지도 그리기

인간관계 스트로크 지도 그리기 요령

- 긍정감정은 실선(−)으로 그리고, 긍정 스트로크가 높을수록 굵게 그린다.
- 부정감정은 물결선(~)으로 그리고, 부정 스트로크가 높을수록 굵게 그린다.
- 에너지의 방향에 따라 화살표로 표시한다.

예시

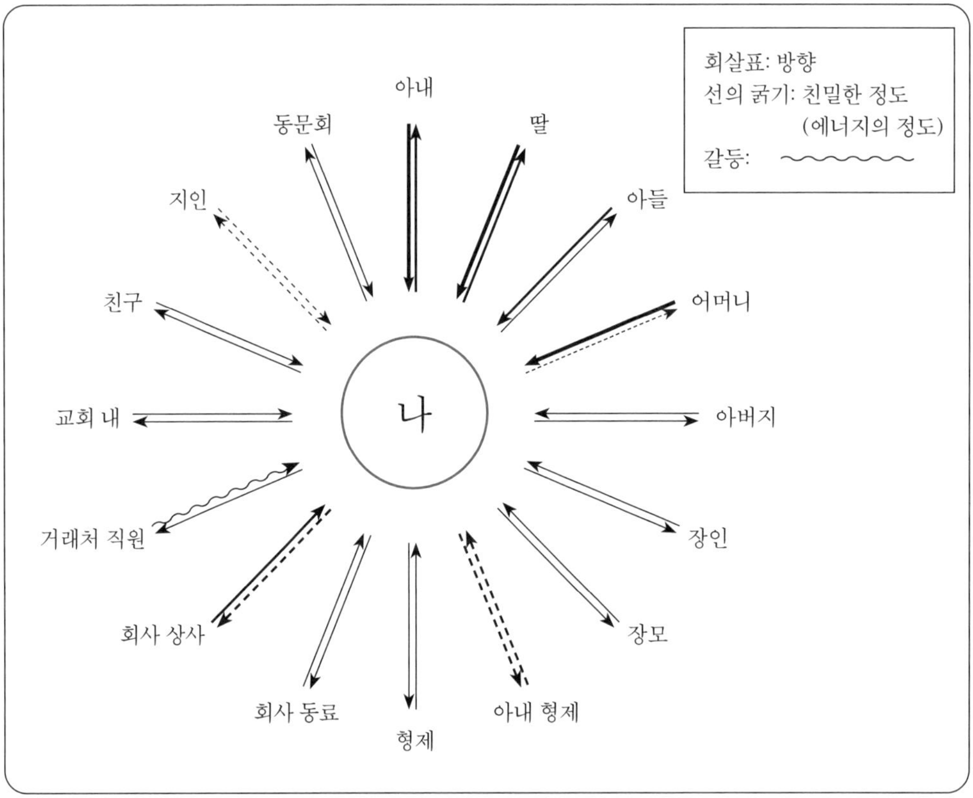

나의 인간관계 스트로크 지도 그리기

나

제4장

인간관계와 TA 셀프코칭

1. 교류에 대한 이해
2. 시간을 보내는 여섯 가지 방식
3. 인간관계의 심리게임과 각본
4. TA 셀프코칭

1. 교류에 대한 이해

1) 교류에 대한 이해

교류(transaction)란 언어와 비언어로 이루어진 자극과 반응의 상호작용이다. 자극은 통제하기 어려우나 반응을 선택하여 변화시킴으로써 상대방의 새로운 반응에 자연스럽게 변화를 유도할 수 있다. 교류는 인간관계, 행복도, 조직의 성과, 리더십 등을 결정한다. 따라서 교류는 매우 중요하다. 조직에서 교류를 하는 목적은 구성원들이 지식과 정보를 잘 교환하고 마음을 나누어서 조직의 성과를 창출하기 위함이다. 교류는 시간을 사용하고 스트로크를 얻기 위한 목적으로 이루어지며, 교류 패턴은 인간관계의 소통 방식으로서 상보교류, 교차교류, 이면교류가 있다(김미례, 2024).

2) 교류 패턴에 따른 대화법

(1) 상보교류

상보교류(캐치볼 대화법)란 교류가 상호보완적으로 이루어지는 것, 즉 보내는 메시지에 대하여 예상대로의 반응이 되어 돌아오는 것으로서 자극과 반응의 주고받음이 평행이 되는 교류를 말한다.

상보교류는 언어적인 메시지와 표정, 태도 등 비언어적인 메시지가 일치하는 것을 말한다. 하지만 상보교류는 신속한 처리를 해야할 때 시간을 많이 필요로 하는 어려움이 있다.

예시

대리 A: B 대리, 오늘까지는 실적보고서를 주셔야 제가 마무리할 수 있어요.
대리 B: 아, 네~ 제가 좀 늦었습니다. 최대한 빨리 해 드리겠습니다.

➔ 두 사람의 의사소통 방향이 일치하고, 언어적인 메시지와 비언어적인 메시지가 일치함

긍정적 상보교류 연습

● 지식과 정보에 대한 상보교류

– 대리 A: 이번 달 실적 마감일이 언제인가요? (예시)

답변 이번 달 말일까지입니다.

● 마음에 대한 상보교류

– 대리 B: 아이가 아픈 것을 보고 나와서 걱정이 되네요. (예시)

답변

상보교류 활용 Tip

① 직장에서의 대화는 상보교류에서 시작해서 상보교류로 끝내는 것이 좋다.
② 상대가 말하려는 것과 말하는 것을 잘 경청해야 한다(적극적 경청).
③ 상대를 대하는 태도, 표현법, 표정, 말의 속도 등에 대한 상보교류도 매우 중요하다.
④ 상대의 생각과 말을 있는 그대로 수용하고, 존중하는 자세를 가져야 한다.
⑤ 상대방의 마음을 읽고, 인정하고, 존중하는 자세의 상보교류가 중요하다.
⑥ 부정적인 자극을 긍정적인 상보교류로 받으면 갈등을 피할 수 있다.

(2) 교차교류

교차교류(스위치 대화법)란 타인의 어떤 반응을 기대하기 시작한 교류에 대해 예상 외의 반응이 되돌아오는 경우를 말한다. 이럴 경우에 대화가 끊어져서 발신자는 무시당한 것 같은 기분이 된다. 또한 침묵에 잠긴다든지, 화제가 바뀐다든지, 때로는 싸움이 되어버리는 일도 있다. 따라서 교차교류는 여러 가지 인간관계 가운데 고통의 근원이 되기도 한다.

교류가 교차되고 의사소통이 결과적으로 단절되면 한쪽 또는 양쪽은 의사소통을 재정립하기 위해 자아상태를 변화시켜 상보(평행)시킬 필요가 있다.

교차교류에 대한 긍정성은 대화의 주제를 바꾸고 싶을 때 유용하게 활용할 수 있다.

예시

1. 부정적인 교차교류 예시

대리 A: B 대리, 오늘까지는 실적보고서를 주셔야 제가 마무리할 수 있어요.
대리 B: 아니, 제가 지금 놀고 있습니까? 위에서 갑자기 지시 내린 일들 때문에 저도 정신이 없다고요.
대리 A: 아니, 왜 저한테 짜증을 내세요? 그러기에 미리미리 하셨어야죠.
대리 B: A 대리가 제 상사라도 됩니까? 왜 이래라저래라하죠?

➔ 예상 밖의 반응이 돌아오면서 의사소통 단절

2. 긍정적인 교차교류 예시

대리 A: B 대리, 오늘까지는 실적보고서를 주셔야 제가 마무리할 수 있어요.
대리 B: A 대리님, 오늘따라 얼굴에 광채가 납니다. 커피 한 잔 사 주세요.
대리 A: …….

➔ 유머나 칭찬 등을 통하여 긍정적 의사소통 전환

긍정적 교차교류 연습

- **대리 A: B 대리, 오늘까지는 실적보고서를 주셔야 제가 마무리할 수 있어요. (예시)**

답변

교차교류 활용 Tip

① 교차교류는 원칙적으로 많이 사용하지 않는 것이 좋다.

② 평상시에 교차교류를 상보교류로 바꾸어 사용해 보는 것이 필요하다.

③ 다음과 같은 경우에도 긍정적인 교차교류를 하기 위한 연습이 필요하다.

- 생산성이 없는 상보교류가 계속될 때
- 상황이나 최종 결과를 생각해서 필요하다고 생각할 때

(3) 이면교류

이면교류(게임 대화법)란 사회적 수준의 교류와 심리적 수준의 교류가 동시에 이루어지는 것을 말하며, 교류의 결과는 사회적 수준이 아닌 심리적 수준에서 결정된다. 이는 사람들이 두 가지 수준에서 교류할 때, 항상 비밀메시지가 결정적인 역할을 한다는 사실을 강조하기에 행동을 제대로 이해하려면 교류의 심리적 수준에 주의를 기울여야 한다. 이면교류는 표면적인 것으로 이해할 수 없는 경우가 많아 해석을 필요로 하게 되며, 이러한 해석에서 수많은 오해와 왜곡이 발생하게 되어 인간관계의 갈등을 유발하게 된다. 우리나라에서는 이면교류를 유머 등으로 긍정적으로 사용하는 경우도 있다.

이면교류가 생활 속에서 나타나는 양상들

예시

1. 식당에서 음식 맛이 없을 때 이루어지는 이면교류

- 사회적 메시지
  - 손님: 이곳 사장님 좀 만날 수 있을까요?
  - 사장: 네, 손님! 찾으셨나요?
  - 손님: 도대체 이 음식은 간을 무엇으로 맞추었길래 이런 맛이 날까요? 맛이 참 독특하네요.

- 심리적 메시지
  - 손님: 도대체 소금을 얼마나 많이 넣었길래 맛이 이 모양이야?
  - 사장: 바쁜데 찾기는 왜 찾아? 얼른 먹고 가기나 하지!

2. 아들에게 자주 안 와도 된다고 하는 노모의 이면교류

- 사회적 메시지
  - 노모: 일도 많고 바쁜데 안 와도 돼…….
  - 아들: 어머니, 편찮으신 데는 없죠? 이번엔 못 가고 다음에 갈게요.

- 심리적 메시지
  - 노모: 아무리 바빠도 엄마 보러 와야지.
  - 아들: 어머니, 저도 엄청 바빠서 시간 내기가 어려워요.

3. 직장에서 힘들다는 것을 감추면서 하는 이면교류

- 사회적 메시지
  - 대리 A: B 대리, 오늘까지는 실적보고서를 주셔야 제가 마무리할 수 있어요.
  - 대리 B: 네, 너무 늦어서 죄송하네요. 빨리 해 드리겠습니다…….

- 심리적 메시지
  - 대리 A: 빨리 마감하고 일찍 들어가서 술 한잔 했으면 좋겠네.
  - 대리 B: 내가 놀고 있나? 바쁘고 힘들어 죽겠는데…….

긍정적 이면교류 연습

- **유머 이면교류**

– 주인: 음식 맛이 어떠세요?

답변 음식 먹다가 죽는 줄 알았어요……. 너무 맛있어서! 하하…….

- **긍정적 이면교류(심리적 수준에 대한 상보교류)**

– 대리 A: 빨리 마감하고 일찍 들어가서 술 한잔 했으면 좋겠네.

답변

- **교류 속 숨은 의미 재요청**

– 손님: 음식 먹다가 죽는 줄 알았어요……. 너무 맛있어서! 하하…….

답변

이면교류 활용 Tip

① 이면교류는 원칙적으로 많이 사용하지 않는 것이 좋다.

② 평상시 자신의 마음을 잘 살펴보고 진솔하게 교류하는 연습이 필요하다.

③ 다음과 같은 경우에는 긍정적인 이면교류를 하기 위한 연습이 필요하다.

– 상대방이 마음을 숨긴 채 이면교류가 계속될 때

– 유머러스한 농담으로 분위기를 전환하고자 할 때

3) 이면교류를 적절한 상보교류로 바꾸는 연습

부정적 자극을 긍정적 상보교류로 바꾸기

- **역할극 해 보기**
  - 일상에서 받았던 부정적 자극을 찾아본다.
    ① 이것도 보고서라고 쓴 거야? (똑바로 해야지!)
    ② 다 알려 준 것도 정리 못하니? (참 멍청하군!)
    ③ 점심시간 지키라고 몇 번이나 말했나요? (시간개념이 없군!)
  - 앞선 ①~③에 대해서 어떻게 받아들이는 것이 적절한지 적어 본다.
    ① 저는 최선을 다했는데 부장님이 보시기에 미흡한가 봅니다.
    ② 알려 주신 대로 한다고 했는데……. 소통이 잘못되었나 보네요.
    ③ 점심이 너무 맛있어서 시간 가는 줄 몰랐네요. 대신 제가 커피 쏠게요.

- **역할극 진행 요령**
  1. 두 명씩 짝을 지어서 부정적 자극 역할, 긍정적 반응 역할을 정한다.
  2. 부정적 자극, 긍정적 반응 ①~③을 순차적으로 연습한다.
  3. 역할을 바꾸어 해 본다.

활동 후 소감 나누기

2. 시간을 보내는 여섯 가지 방식

시간구조화(time structure)란 대인교류에 둘러싸여 있는 자기의 생활시간을 여러 가지로 프로그램화하는 것을 의미한다. 교류는 시간 안에서 이루어지기 때문에 시간구조화를 살펴보는 것은 교류를 효과적으로 사용하는 데 매우 중요하다(김미례, 2017).

1) 시간구조화 이해하기

시간구조화는 폐쇄(withdrawal), 의식(rituals), 잡담(pastime), 활동(activities), 게임(games), 친밀(intimacy)로 구분한다.

(1) 폐쇄

폐쇄란 심리적 위험을 피하기 위해 타인과 심리적, 신체적으로 교류를 차단하고, 대부분의 시간을 상상이나 공상으로 자기에게 스트로크를 주려는 자기애적인 것이다. 예를 들어, 지시적이고 명령적인 상사와의 회의, 따분한 직장동료와의 점심 식사, 강의 중 몸은 강의실에 있지만 마음은 창밖 경치 감상하기 등이 있다. 이 시간구조화를 긍정적으로 사용한다면 본인이 선택한 고독 등으로 자신의 삶을 편안하게 정리하며, 심리 내적인 에너지를 재충전할 수 있는 기회를 제공한다. 또한 창조적 작업(예: 명상, 글쓰기) 등으로도 나타날 수 있다. 반면 부정적으로 사용하는 경우에는 우울증, 건강 염려 등이 나타나고, 인간관계에서의 갈등 발생 시 소극적 대응으로 알코올이나 잠으로 대체되기도 한다.

(2) 의식

의식이란 어떤 특정한 일에 대하여 사회적으로 합의된 절차와 방식에 따라 시간을 사용하는 것이다. 종교적 예배 의식 등 누구와도 특별히 친하지 않으면서 최소한의 인간관계로 시간을 보내는 방식이다. 예를 들어, 동창회, 정기연주회, 예배 의식, 불교 행사, 제사, 생일 축하, 결혼기념일, 장례식 등이 있다. 이 시간구조화를 긍정적으로 사용했을 경우 전통적 관습인 추석·설, 자녀 입학식, 승진 축하식 등 삶의 리듬에 부여하는 사회적 상호작용의 윤활유 역할을 한다. 그러나 과도한 사용과 편리한 의식이 굳어지면 강박적인 행위가 될 수 있다.

(3) 잡담

잡담(소일)은 서로 낯선 관계에서 친밀한 관계를 맺지 않으면서 과거의 단순한 일이나 시사적 사건 등에 대해 재미있게 상보교류를 하면서 스트로크를 교환하는 시간구조화이다. 주변 사람들과 관련된 가벼운 대화, 직장 내 특정인물 화제 삼기, 취미 생활, 스포츠 활동 등이 있다. 이 시간구조화에는 상대를 잘 알지 못하는 사람들과 상호의견을 차례로 교환하면서 그 순간을 즐기는 행위 등이 있으며, 뇌를 쉬게 하는 데 효과적이다. 반면 직장동료들의 험담, 연예인 신변 등에 관련된 가십거리 등으로 나타난다면 공허감이나 권태감, 실망감을 유발한다.

(4) 활동

활동은 풍부한 인간관계와 소극적 인간관계의 중간쯤에 위치하며, 밝고 무리 없고 건설적인 교류가 되는 상태이다. 예를 들어, 직장 생활하기, 집안 청소하기, 학업에 열중하기 등이 있다. 특히 직장에서 승진을 위한 활동, 피아노 연주회를 위한 연습 활동 등 적절한 스트로크와 즐거움을 얻으며 시간을 보내기에 가장 적합한 방법이다. 하지만 직장생활을 하다 퇴직한 이후의 일상은 권태, 지루함, 허무감과 같은 정서로 채워질 수 있으며, 일부는 이러한 감정을 회피하기 위해 일 중독, 과도한 학습 활동, 반복적인 가사 노동 등에 몰두하게 된다. 이는 친밀감 형성을 회피하거나 대체하려는 수단으로 사용한다.

(5) 게임

게임은 구체적이고 예측한 결말을 얻기 위해 속뜻을 숨긴 채 지속적으로 행하는 일련의 상보교류를 의미하며, 이면교류 후 상호 간 불쾌한 감정이 강하게 느껴지는 부정 스트로크를 경험하는 시간구조화이다. 게임의 유형에는 부부싸움, 직장동료와 반복된 패턴으로 인한 의견 대립 등이 있다. 이 시간구조화는 극단적인 갈등을 피하기 위해 필요하며, 이면교류가 필요한 상황에서 사용한다. 하지만 부족감과 결핍감 경험, 상대방 평가 절하, 피해자 구도 등으로 나타나기도 한다.

(6) 친밀

친밀이란 상대방을 신뢰하며 지금 여기에서 순수한 배려를 함으로써 긍정 스트로크를 교환하는 가장 이상적인 인격 대 인격의 상보교류를 하는 시간구조화이다. 몸, 마음, 영혼이 자유로운 삶(조건 없는 행함을 실천하는 자원 봉사 활동) 등으로 나뉜다. 이 시간구조화의 친밀의 긍정적 사용에는 감정을 개방적으로 나누기, 이해타산이나 비난을 하지 않고 인간적인 참만남 갖기 등이 있다. 그러나 진솔한 감정의 교류가 이루어지므로 타인의 부정적 반응에 대한 불안이 생길 수 있다.

2) 나의 시간구조화 탐색하고 나누기

시간구조화 이해하기 연습

- **가족들과 아침인사를 어떻게 하는가?**

반응: 모르는 체를 하고 지나간다. (폐쇄)
"안녕." 하고 형식적 인사를 한다. (의식)
"아침에 아이 때문에 힘들었어." (잡담)
"안녕." 하면서 가볍게 안아 준다. (친밀)
"안녕이 뭔데!" 하면서 비꼬는 듯이 말한다. (게임)

- **직장동료(선배나 후배)들과 아침인사를 어떻게 하는가?**

반응: 핸드폰만 보면서 지나간다. (폐쇄)
"안녕하세요." 하고 형식적 인사를 한다. (의식)
"어제 회식 때 술을 많이 먹었나 봐. 속이 쓰리네." (잡담)
반갑게 활짝 웃으며 눈을 마주치고 인사한다. (친밀)
"안녕하세요." 하며 못마땅한 표정으로 인사한다. (게임)

자신의 하루 일과에 대한 시간구조화 표현하기

1. 기상 시간부터 취침 시간까지 하루 일과표 적어 보기

시간		내용	비고
예시) 오전 5시		기상, 황금이와 아침운동	활동
6시			
오전 1시			
2시			
3시			
4시			
5시			
6시			
7시			
8시			
9시			
10시			
11시			
오후 12시			

13시			
14시			
15시			
16시			
17시			
18시			
19시			
20시			
21시			
22시			
23시			
24시			

2. 지난 한 주 동안 사용했던 시간구조화 적어 보기

- 폐쇄(　　　　시간)　• 의식(　　　　시간)　• 잡담(　　　　시간),
- 게임(　　　　시간)　• 활동(　　　　시간)　• 친밀(　　　　시간)

3. 하루 일과에 맞추어 시간구조화 그리기

– 예시

– 현재 나의 시간구조화

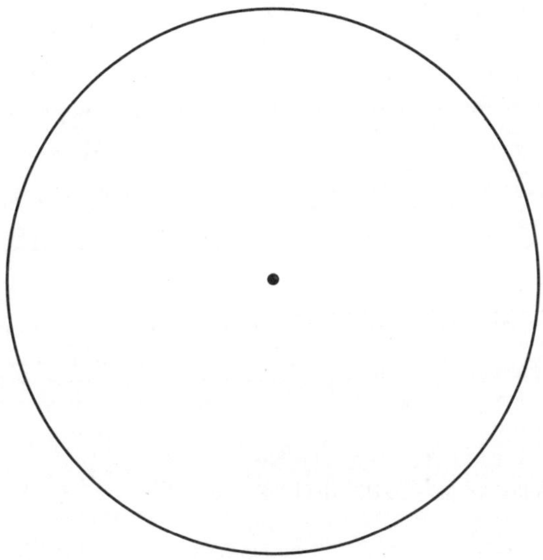

4. 활동 후 소감 나누기

– 어떤 시간구조화를 많이 사용하는가?

– 어떤 시간구조화를 적게 사용하는가?

– 어떻게 바뀌기를 원하는가?

3) 성과를 창출하는 시간구조화 나누기

1. 현재 내가 속한 조직(부서, 팀 등)의 시간구조화는 어떠한가?

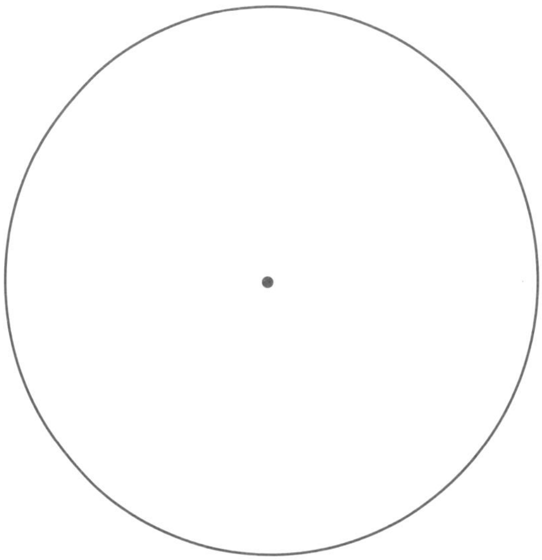

2. 현재 시간구조화가 조직의 성과에 도움이 되었는가?

3. 조직의 변화를 위해 시간구조화가 어떻게 바뀌기를 원하는가?

3. 인간관계의 심리게임과 각본

동료들과 밥을 먹을 때마다 밥값을 내지 않고 미적거리면서 얻어먹기만 하는 직원 또는 "오늘 참 멋지네요?"라고 인사하면서 마음속으로는 '별로 어울리지는 않지만……. 인사 차원에서 하는 말이야.'라고 생각하는 직원 등 우리가 대화할 때 표면적인 말과 이면적인 말이 다른 경우가 많다. 이 속에서 불편감을 느끼게 하는 것을 인간관계에서는 흔히 볼 수 있으며, 이러한 것을 심리게임이라고 한다(김미례, 2024).

겉으로 하는 말과 속으로 하는 말이 다른 경우는 어떤 상황이었는가? 다음의 상황을 보고 직장 생활 중에 이런 경우가 있는지 생각해 보고자 한다.

주변에 이런 사람 꼭 있다!

- 급한 일이 있다며 은근슬쩍 자기 일을 떠넘기는 동료
- 매사에 불평만 해대서 옆에 있는 것도 괴로운 동료
- 항상 울 것 같은 표정으로 달려와 도움을 요청하는 동료
- 매사에 사사건건 트집 잡는 상사
- 무슨 일만 생기면 회의를 하지만 해결책은 좀처럼 나오지 않는 상사
- 무슨 문제만 생기면 '자기 탓'을 하는 동료

1) 심리게임의 이해

심리게임은 그 이면에 어떠한 동기가 있다. 즉, 표면적인 행동과는 달리 숨겨진 의도를 갖고 실행하는 교류패턴으로, 일정한 절차에 따라 진행된다. 또한 심리게임은 예측이 가능하고 예상된 결과를 향해 나아가는 이면교류이다(조혜정, 2014).

심리게임은 우리가 살아가면서 마주하는 일상의 장면 중에 흔히 일어나는 일이며, 교류분석에

서 심리게임은 표면적으로는 그럴듯하게 보이나 숨겨진 동기(올가미, 덫, 속임수, 부정, 술책)를 가지고 있다(조혜정, 2014). 직장에서 이러한 심리게임을 하는 동료나 상사를 많이 만날 것이고, 이러한 동료와 상사로 인해서 직장생활에 많은 어려움을 가지게 될 것이다.

조직에서도 심리게임은 직원 간의 일상적인 대화, 회의, 중요한 결정에서도 나타난다. 이는 분노, 우울, 죄책감, 공격성과 같은 부정적 감정을 유발하여 근무 의욕을 떨어뜨리고 생산성을 저하시키기도 한다.

(1) 심리게임을 하는 이유

첫째, 심리게임은 상대방에게서 원하는 감정이나 인정을 얻기 위해 사용된다.

둘째, 심리게임을 통해 자신만의 심리적 불편함이나 스트레스를 해소하기 위해 시도한다.

셋째, 심리게임은 인간관계 내에서 통제를 유지하거나, 상대방을 조종하기 위해 사용한다.

넷째, 심리게임은 자신의 취약점이나 약점을 숨기고, 외부의 공격이나 비판으로부터 자신을 보호하기 위해 사용한다.

(2) 심리게임의 특징

첫째, 교류의 이면성과 불쾌한 결말로 끝난다.

둘째, 숨겨진 동기와 목적은 그럴듯한 변명이나 설명이 이루어지지만 깊숙한 곳엔 참된 동기나 숨겨진 목적이 있다.

셋째, 시간구조화는 타인을 조작하거나 이용하는 양상을 갖는다.

넷째, 결말은 반드시 불쾌감정, 즉 아동기에 금지되었던 감정과 대치되는 감정인 라켓감정을 유발한다.

(3) 심리게임의 강도

- 1급 게임: 주위 사람들에게 털어놓을 수 있는 정도를 말한다. 파티나 사람들의 모임에서 시간구조화에 상당한 비중을 차지한다.
- 2급 게임: 주위 사람에게 털어놓기 힘든 정도의 심각한 경우를 말한다. 공식적인 항의나 처벌,

우울증, 퇴사 등이 있다.

- 3급 게임: 병원이나 법정, 심지어는 영안실까지 가야 끝날 정도의 결과를 초래하는 경우를 말한다. 심한 폭행, 자해, 상해, 살인, 자살 등이 있다.

(4) 라켓감정

부장님이 부서원에게 일이 돌아가지 않는다고 '분노 버튼'을 눌렀다. 부서원들은 빠르게 부장님께 달려가 바로 '죄송하다'고 사과를 한다. 이때 '죄송하다'는 진실된 감정이 아니고, 라켓감정일 수가 있다.

어린 시절에 부모 등 주요인물로부터 화, 슬픔, 죄책감을 표현하지 못하도록 금지받았다면, 그에 대치되는 허용된 감정으로 표현하게 된다. 따라서 금지된 감정은 표현되지 못하고 허용된 감정으로 대체되어 표현하게 된다. 이것을 라켓감정이라고 한다.

라켓감정은 자신의 건강을 해칠 뿐만 아니라 불쾌한 감정을 남겨 동료 간의 관계와 상황을 더 어렵게 만든다. 그러나 진실된 감정은 문제해결에 도움을 주며 내 마음에 스트레스도 남지 않고 해소할 수 있게 돕는다.

라켓감정의 예시

노여움, 공포, 우울, 안달, 초조, 우월감, 절망감, 허무감, 버려진 기분, 혼란, 자기비하, 상심, 적대감, 낙담, 비애, 연민, 응석을 부리고 싶음, 불안, 걱정, 무력감, 분노, 긴장감, 혐오, 투쟁심, 완고, 옹고집, 한, 시기, 고독감, 짜증, 동정, 연모, 의무감, 패배감 등

직장에서 찾아보는 라켓감정

상황과 예시	감정 찾기 (진실된 감정 → 라켓감정)	갖게 된 태도, 신념
점심시간에 서류를 정리하고 돌아와 보니 팀원들이 모두 밥을 먹으러 갔다. 팀원에게 식사 장소를 물어보기도 그렇고, 혼자 먹기도 애매한 상황이었다.	섭섭함, 서운함, 외로움 같은 진실한 감정을 표현하지 못하고 화, 짜증, 냉소, 분노, 격노 등 라켓감정으로 표현하게 된다.	• 누구를 바보로 아나? • 그룹 채팅에서 나만 빼 버렸나? • 내가 뭘 잘못했나? • 나를 왕따 시키는 거야?
사내 체육대회를 준비하는 상황인데 아무도 준비하는 과정에 신경을 쓰지 않았다. 그런데 뭔가 하나 잘못된 상황을 잡아서 큰일이라도 난 것처럼 비난을 한다.	서운함, 화를, 무능감, 자괴감, 한심함으로 표현하게 된다.	• 아무런 도움도 주지 않다가 나한테 왜 이러는 거야? • 그렇게 잘났으면 네가 하지? • 내가 이런 취급을 받아도 되는 거냐? • 나는 왜 이렇게 바보같지?
승진 후보로 올라갔는데 동료는 승진하고 나는 탈락했다. 동료들이 승진한 동료에게 축하하는 장면을 보고 있는 상황이다.	열등감, 수치심, 자괴감을 기쁨(조소, 교수대 웃음), 부러움, 무덤덤함으로 관찰하게 된다.	• 역시 능력보다도 아부가 최고야. • 선배들이 끌어 주니 승진하는구나. • 나의 능력을 알아 주는 사람은 아무도 없네.
'인생은 혼자다'라는 생각이 들고, 사람들에게 거리감이 느껴진다. '아무도 날 알아주지 않겠지?' 결국에는 혼자 왕따가 되는 기분이 든다.	비참함, 외로움, 쓸쓸함을 슬픔, 냉소, 두려움, 무기력함으로 표현하게 된다.	• 만남이 있으니 헤어짐도 있겠지! • 결국은 나 혼자인 것이지, 뭐……. • 세상은 내가 잘난 걸 잘 몰라!

직장에서 심리게임이 일어나는 상황연습

- 동료 A: 오늘 기분이 안 좋아.
- 동료 B: 무슨 일인데?
- 동료 A: 부장님에게 왕창 깨졌어.
- 동료 B: 아이고, 속상하겠다. (네가 잘했어 봐. 잘 깨졌다. 고소하다.)

* * *

- 동료 A: ○○직원은 도움이 되는 게 하나도 없어.
- 동료 B: 그러면 당신이 알아서 하면 되겠네요. (너도 잘하지 못하면서…….)
- 동료 A: 그 직원이 시비를 거는데 내가 어떻게 해요?
- 동료 B: 그건 그 직원한테 가서 따지세요. (너도 따질 처지가 아닐 텐데…….)

* * *

- 동료 A: 오늘도 또 지각이군?
- 동료 B: 죄송합니다. (그럴 수도 있지, 그걸 가지고 뭐라고 그래?)
- 동료 A: 죄송하다고? 대체 이번 달에 몇 번째 지각인 줄 알아?
- 동료 B: 죄송합니다. (그렇다고 나를 어떻게 할 수 있겠어?)

* * *

- 동료 A: 3시간 동안 심혈을 기울여서 보고서를 작성했어요.
- 동료 B: 덕분에 잘 보고했어요. 고마워요. (그 정도는 누구나 할 수 있지, 그걸 가지고 생색이야?)
- 동료 A: 제 시간도 반납하고 정말 힘들었어요.
- 동료 B: 고생했어요. 고마워요. (그 정도로 생색을 내긴…….)

(5) 스탬프와 인생게임

대체로 사람들은 대화를 통해 감정 스탬프를 모으게 되며, 이것이 점점 많이 모이면 감정을 교환(폭발)하게 된다. 이것을 '스탬프 교환'이라고 한다. 억압되고 해소되지 못한 미해결 감정은 상대를 조종하기 위하여 죄책감, 분노, 우울 등과 같은 형태로 스탬프를 수집한다.

스탬프 교환 예시

대인관계에서 디스카운트(에누리)를 당하거나 부정적인 스트로크가 축적이 되면 이러한 스탬프가 점차 커져가고, 포화상태가 되면 자신이 취한 행동(분노, 폭발)을 정당화하면서 축적된 스탬프를 없애고자 한다.

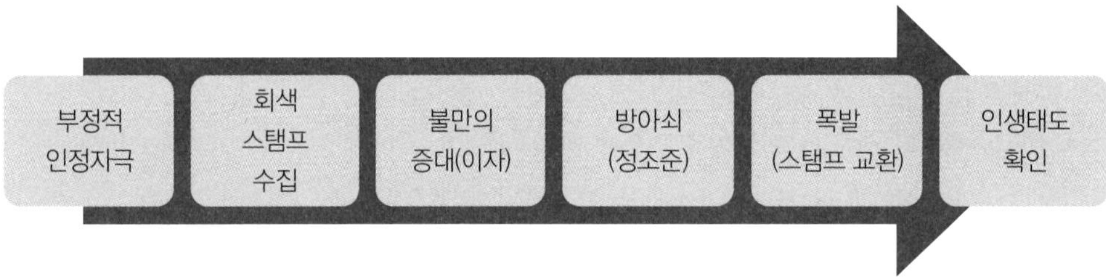

아침에 출근했더니 과장님은 낯빛이 좋지 않고, 인사도 받지 않고, 얼굴도 마주치지 않았다. 김 팀장은 어제 올린 프로젝트가 마음에 들지 않아서 그런가 싶어 걱정이 되었다. 그러다가 갑자기 화가 난다. 김 팀장은 밤샘을 해서 몸이 아픈 것도 참고 겨우겨우 시간을 맞추어 제출했는데, 갑자기 서럽고 자존심이 상하면서 화가 났다. 그 순간에 나를 향해 이 대리가 활짝 웃으면서 다가왔다. 김 팀장은 불쑥 "이 대리는 뭐가 그리 기분이 좋아서 아침부터 웃는 거야?" 하면서 이 대리를 향해 비야냥거렸다. 이 대리는 갑자기 멍한 표정을 지으며 김 팀장을 바라보았다. 과장님에게 느끼는 김 팀장의 감정은 무엇이라고 생각하는가? 김 팀장의 태도는 어떠한가?

(6) 심리게임 공식

심리게임은 대부분 상대방을 디스카운트(에누리)하는 형태로 시작해서 점차 라켓감정(침묵, 분노 등)을 유발하고 절정에 이르게 되는 명확한 규칙이 있다. 조직에서 심리게임은 인간관계를 악화시키기도 하고 비건설적인 결과를 초래하기도 하는 행동패턴을 갖고 있으며, 다음과 같은 게임 공식을 가지고 있다(김미례, 2024).

① 게임 공식

숨겨진 동기에 의해 게임 걸기
(게임 초대자)
속임수(con)

+

게임에 걸려든 사람
(게임 수락자)
약점(gimmick)

=

반응 (response) → 전환 (switch) → 혼란 (crossed-up) → 결말 (pay-off)

↓

숨겨진 동기에 의해 게임 걸기 (게임 초대자) 속임수	+	게임에 걸려든 사람 (게임 수락자) 약점	=	반응	→
[말을 거는 사람] – 숨겨진 동기가 있다. – 어른 자아상태(A)에 의한 인식이 없다. – 대응할 듯한 사람을 찾아 잘 붙잡는다.		[대응하는 사람] – 어른 자아상태(A에 의한 인식이 없다. – 대응할 듯한 약점, 예를 들면 도와주고 싶다 등의 숨겨진 동기를 갖고 있다.		[응답] – 두 사람 또는 세 사람의 사교적 · 상보적 교류의 교환을 한다. – 이면에는 진짜 교류가 있다.	

전환	→	혼란	→	결말
– 말을 받는 사람의 자아상태가 갑자기 변한다. – 교차교류가 되기 때문에 대화가 단절된다. – 박해자, 희생자, 구원자의 역할이 바뀐다.		– 교차교류가 들어와 갑자기 다른 자아상태로 변해 상황의 분별을 할 수 없게 한다.		– 혼란 뒤에 맛보는 나쁜 감정의 스탬프를 수집한다. – Not OK가 된다.

출처: Berne (1972); 김미례(2017) 재인용.

② 심리게임에 걸리지 않는 방법

심리게임에 걸리지 않는 요소 찾기, 인정, 수용, 대체 행동 등 게임에서 벗어나는 활동을 해 본다.

예시

- 직원 1: 우리 부서에 문이 고장이 났는데 빨리 고쳤으면 좋겠어요.
- 직원 2: 왜 직원에게 말하지 않으세요?
- 직원 1: 당연히 말했죠. 그렇지만 직원이 바쁘다고 하네요.
- 직원 2: 그러면 팀장님도 있고, 당신이 해 보면 어떨까요?
- 직원 1: 하려고 했지만 마땅한 도구가 없어서 못했어요.
- 직원 2: 연장을 구해 보시는 것은 어떨까요?
- 직원 1: 그렇군요. 네, 그렇지만…… 제가 너무 시간이 안 되어서…….

[게임 초대자]
겉으로 상대방에 대해 지시나 원조를 구하면서 문제를 제기
- 직원 1: 문이 고장났어요. 빨리 고쳤으면 좋겠어요.

→

[게임 수락자]
"~을 한다면" 대응
- 직원 2: 왜 직원에게 말하지 않으세요?

→

[게임 초대자]
"예, 그러나"
- 직원 1: 당연히 그렇게 해야죠. 그렇지만 직원이 바쁘다고 하네요.

→

[게임 수락자]
당혹, 무력감 → 침묵
- 직원 2: 그러면 팀장님도 있고, 당신이 해 보면 어떨까요?

→

[게임 초대자]
'나는 부모의 어떤 말도 따르지 않는다.'라는 어린 시절의 입장을 증명한다.
- 직원 1: 하려고 했지만 마땅한 도구가 없어서 못했어요.

=

[게임 결말(제목)]
'자기긍정-타인부정'
'자기부정-타인부정'
- 결국에는 아무것도 실행하지 않고, 문을 고치지 못했다.

- 게임 초대자: 상대방에 대해 어떤 지시나 원조를 구하고, 겉으로만 그런 척하며 문제 제기를 계속한다.
- 게임 수락자: 거기에 말려들어 "~을 한다면" 하고 대응하면 다시 수락자는 "예, 그러나(yes, but)"라고 모든 의견에 반론을 내기 때문에 수락자는 당혹감과 무력감에 빠져들어 침묵해 버린다.

- 게임 결말: 때로는 끝에 가서 "네 멋대로 해!"라고 하며, 불쾌감이나 노여움을 폭발하는 경향도 있다. 이것이야말로 초대자가 바라고 있는 최종적인 결말이 되는 것이다.

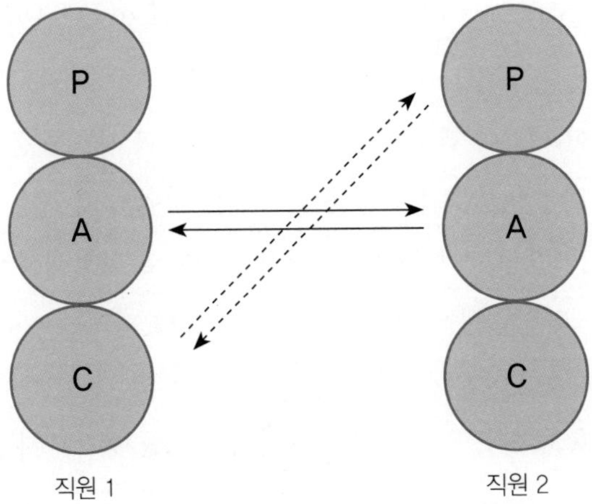

- 표면적으로는 A 대 A의 교류처럼 보이나 이면적으로 직원 2에서 직원 1의 P에 향한다.
- 표면적으로는 온순한 태도를 취하면서 내심으로는 반항적인 자세를 취하는 사람
- 대처방안(A 대 A의 교류): "그것 참 유감이네요." "곤란한 문제로군요." "당신 같으면 어떻게 할까요?"라고 상대방의 생각이나 해결법을 들어 보는 것이 좋다.

예시에서 결국에는 문이 고장난 것을 고치지 못하게 되는 결과를 초래한다. 이 심리게임은 '나는 부모의 어떤 말도 따르지 않는다.'라고 하는 어린 시절의 결정을 증명하는 것이 이 게임의 목적이며 성인이 되어서도 '예, 그러나(yes, but)' 게임을 재현한다.

게임에 걸리지 않는 요소 찾기

- **신체, 능력, 환경 등에서 게임의 미끼가 될 수 있는 열등 요소는 무엇인가?**

③ 심리게임의 유형

- '예, 그러나(Yes, But)' 게임: 이 게임을 연출하는 사람은 어린 시절에 귀찮게 간섭하기를 좋아하는 지배적 부모에게 양육되었을 가능성이 높으며, 표면적으로 온순한 태도(예, yes)를 취하면서 속마음으로는 반항적인 자세(그러나, but)를 갖고 있다. '자기긍정−타인부정' 및 '자기부정−타인부정'의 태도를 확인하게 된다.
- '나를 차(혼내) 주세요(Kick Me Please)' 게임: 이 게임이 펼쳐지는 상황은 상사 등의 지도를 준수하지 않고 실수를 반복하기 때문에 상사로부터 부정적인 감정을 자극하는 직원의 경우가 해당한다. 자주 실직하는 사람 또는 근무태도가 불량하거나 비상식적인 행동으로 직장에서 쫓겨나는 사람 등이 여기에 속한다. '자기부정−타인긍정'의 태도를 확인하게 된다.
- '너 때문에 이렇게 되었어(See What You Made Me Do)' 게임: 이 게임은 투사에 의한 자기방어가 내포되어 있으며 심리적 및 신체적 증상을 호소한다. 직장에서는 자신의 실수를 생각하지 않고 직원에게 필사적으로 대들거나, 자신의 실수를 지적하면 도리어 상대방에게 대들고 원망하는 사람이 이 경우에 속한다. '자기긍정−타인부정'의 태도를 확인하게 된다.
- '지독하군(Ain't It Awful)' 게임: 이 게임은 작은 일도 과대평가해서 동정이나 주목을 끌려고 하는 경향이 있으며, 사회적인 비판이나 잡담을 자주한다. 표면적으로는 고통이나 불행을 호소하면서 이면으로는 실제 그러한 환경을 자신에게 유리한 쪽으로 이용하면서 호소를 통해 여러 가지 심리적 만족을 얻게 된다. 하기 싫은 일이나 상황을 피하기 위해 '복지가 약하다' '식사가 나쁘다' '월급이 마음에 들지 않는다' 등 직장에 대해 공공연하게 불만을 이야기하면서도 개선하기 위한 노력은 거의 하지 않는다. '자기긍정−타인부정'의 태도를 확인하게 된다.
- '흠잡기(두고 보자!; Now, I've Got You, SOB)' 게임: 이 게임은 상대방의 조그만 잘못이나 실언, 착오 등을 기다렸다는 듯이 찾아내어 그것을 기회로 그때까지 쌓였던 불만을 발산하는 것이다. 우리나라 사회에 널리 퍼져 있는 '너 어디 두고 보자'의 마음으로 벼르고 있다가 뭔가를 걸려들면 디스카운트(에누리)를 하며 통쾌해한다. '자기부정−타인부정'의 태도를 확인하게 된다.

2) 드라마 삼각형

게임은 드라마 삼각형의 형태로 전개되며, 무의식적으로 시작된 신경전은 항상 끝나고 나면 기분이 나쁘고, 부정적인 생각에 빠지게 되며, 하기 싫은 일을 떠맡아 대신 처리하거나 괜한 심리게임에 말려들어 조직 내에서 적을 만들게 되는 경우도 종종 생겨나게 된다(김미례, 2024).

(1) 게임 속에서 연출되는 드라마 삼각형

① 희생자 역할

항상 "난 잘 못해요."라고 말하며 자기 일을 떠넘기는 사람을 예로 들 수 있다. 자신의 능력과 가능성을 인식하지 못하고 스스로를 위축시키거나 실제 능력보다 자기 자신을 더 작고 무능하게 만든다. "난 못해요." "난 너무 힘이 들어요." 등의 말을 자주 하며, 자발적으로 돕는 '구원자'에게 미끼를 던진다.

② 구원자 역할

항상 '~을 해야만 한다'고 의무감을 느낀다. 단순하게 남을 돕는 것이 아니라 대부분 '내가 돕지 않으면 안 된다'고 생각해 희생자를 돕는다. 희생자가 무능하고 왜소하고 무기력하다는 편견을 가지고 있으며, 그렇지 않으면 절대로 도움의 손길을 내밀지 않는다. 결국 희생자가 더 왜소해지고 무기력해지게 만든다.

③ 박해자 역할

그들은 상대방에게 상처 입히기 위해서 아주 오래된 일도 꺼내며, 상대방을 무기력하게 만들어 벼랑 끝으로 몰아붙이려는 시도를 한다. 행동이 아니라 그 사람 전체를 한꺼번에 혹평해 버리는 특징이 있다. "네가 늦게 와서 화가 나."라고 말하는 대신 "약속시간에 늦다니 넌 남을 전혀 배려하지 않아."라고 말한다.

다음의 예시에서는 희생자인 직원이 실제로 직장을 나오지 않고 결근을 하자, 박해자였던 부장은 마음속으로 절절맨다. 사실은 직원이 당장 직장을 그만두면 프로젝트를 망치게 될까 걱정되어 부장이 '희생자' 역할을 하면서 구원자(과장)에게 달래 보라고 슬그머니 요청한다.

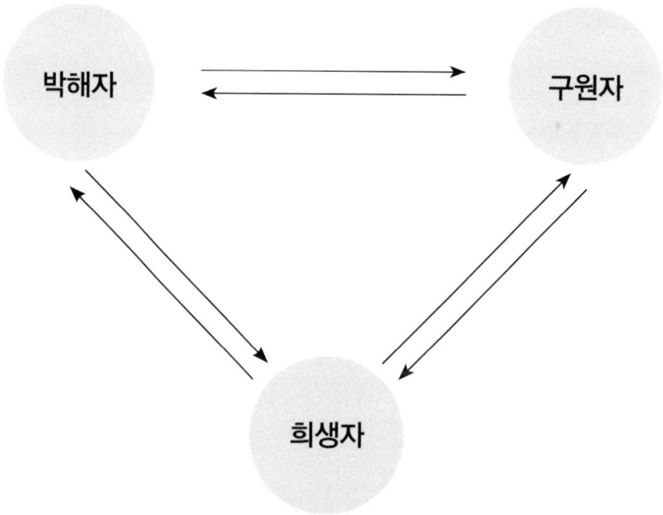

드라마 삼각형 예시

- 희생자(직원): 내가 직장에서 하는 일이 얼마나 대단한 일인데 나를 인정하지 않다니. 나는 다른 곳으로 이직을 해야겠어.
- 박해자(부장): 직장이 싫으면 깔끔하게 사표 처리하면 되지? 전문직이 당신뿐이에요? 당장 그만둬요.
- 구원자(과장): 우리 회사처럼 월급을 많이 주는 곳이 어딨어. 조금만 참아 봐, 곧 승진도 할 텐데 함께 일해 보자.

(2) 주변에서 볼 수 있는 사례 찾아보기

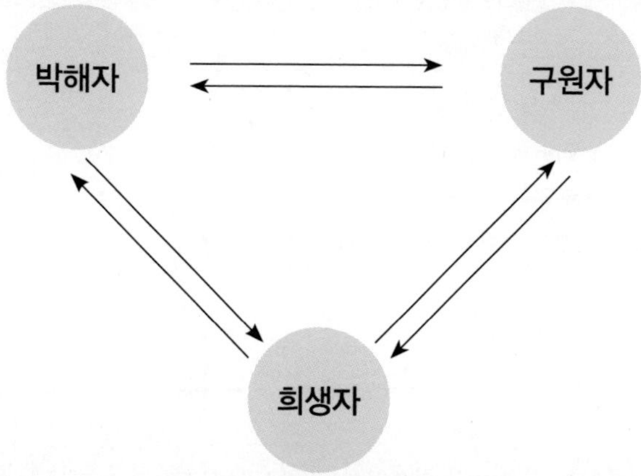

사례 나누기

- 희생자:

- 박해자:

- 구원자:

소감 나누기

----

(3) 드라마 삼각형 상황 대처법

희생자, 박해자, 구원자 상황 대처법		
구분	특성	대처
희생자	나는 너무 불쌍해 • 민감하고, 취약하고, 학대당하고, 거부당하는 등 불쌍한 상태에 놓인다. • 자신이 직면한 부정적인 상황을 타개하기 위해 책임감이 없다. • 상황이 바뀐다는 생각이 없다. • 이들은 자신의 절망적인 문제를 구해 줄 구원자를 기다린다. • 구원자가 구원을 거부하면 희생자는 구원자가 오히려 박해자가 된다.	
박해자	모든 건 당신 잘못이야 • 희생자를 비난한다. • 지배적인 모습을 보인다. • 엄청난 분노를 표출하기도 한다. • 약한 모습을 보이지 않으려고 한다. • 타인을 융화하려 하지 않는다. • 박해자는 자신이 희생자가 되는 것을 극도로 두려워한다.	
구원자	내가 당신을 도와줄게요 • 타인을 돕기 위해 움직인다. • 타인의 요구에 부응하기 위해 많은 노력을 기울인다. • 자신을 돌보지 않는다. • 구원자는 지속해서 희생자를 구하고 싶어 한다. • 희생자가 절박한 상황에 처했을 때 내버려두지 않는다. • 희생자를 구하지 못하면 죄책감과 압박감을 느낀다. • 순교자와 같은 삶을 살거나 좌절해서 상황을 원망하기도 한다.	

3) 드라이버와 각본

드라이버(driver)는 부모로부터 받은 반복적인 메시지로서, 그 유형을 '완벽하라(be perfect)' '타인을 기쁘게 하라(please others)' '열심히 하라(try hard)' '강해지라(be strong)' '서두르라(hurry up)'로 나눌 수 있다. 드라마 삼각형은 반복적으로 나타나며, 이것을 각본이라고 한다. 각본은 어린 시절 부모로부터 받은 드라이버, 금지령, 속성 언어, 프로그램 언어, 허가 언어 등에 의해 만들어진다. 드라이버와 각본은 긴밀한 관련이 있는데, 드라이버 행동을 거쳐서 각본이 진행되기 때문이다. 사람들은 라켓감정을 갖거나 내면으로부터 금지명령을 듣기 바로 직전에 반드시 드라이버 행동을 보인다.

어른이 되어서도 각본의 명령대로 행하게 되어 어른의 현실과 맞지 않는 사고, 감정, 행동의 표출로 고통을 겪게 된다. 지금 만약 드라이버 상태에 있다면 이미 각본 안으로 들어간 것이다. 드라이버는 제대로 된 생각을 가능할 수 없도록 만드는 것이며, '부모명령을 따르는 한 나는 괜찮다'라고 느끼게 만든다. 이러한 드라이버 행동을 관찰했을 때 바로 각본신념도 직면할 수 있다.

교류분석 이론에 근거하여 '완벽하라' '타인을 기쁘게 하라' '열심히 하라' '강해지라' '서두르라' 다섯 가지의 드라이버 유형은 서로 다른 업무 스타일을 가진다. 업무 스타일은 드라이버 행동의 긍정적 자원으로, 어린 시절에 받은 '하지 마' 메시지에 대응하기 위한 방어로서 어릴 때 결정된다. 우리가 '강해지거나 타인을 기쁘게 하는 등의 행동을 하는 한 나는 OK'라는 믿음과 관련된 결정에 의해 영향을 받는다(박용민, 2012).

드라이버로 인한 업무 스타일이 조직갈등에 영향을 미친다는 것을 새롭게 알게 된다면 우리는 최고의 업무 스타일을 만들 수 있다. 물론 우리의 장점이 발휘되는 즐거운 직업 또한 찾게 될 것이다. 더불어 자신과 다른 업무 스타일의 사람, 즉 드라이버 유형이 다른 조직 구성원들과도 갈등관리를 통해 화합해서 잘 지내는 방법을 발견해 낼 수 있게 된다.

(1) 완벽하라

'완벽하라' 업무 스타일 사례	
H 부장은 매우 탁월한 부서장이다. 추진력과 야망을 가졌고, 부서가 어떻게든 노력해서 이전보다 높은 실적만을 내기를 바랐다. 또한 직원들의 책상 위에 마음을 이완시키는 작은 화분이나 심지어 가족사진이 놓여 있는 것도 못마땅해했다. 심지어 업무 집중을 방해하는 일절의 대화도 못하게 했다. H 부장은 직원들의 열정적 근무태도에 좋게 평가했으나 직원들이 점점 경직되어 가고 부서 내 긴장 등 갈등의 요소들이 증폭되어 감을 알게 되었다.	
'완벽하라' 업무 스타일 장점 · 단점 탐색하기	
장점	단점
• 정확하고 믿을 만한 일 처리 • 사실을 완벽하게 확인함 • 철저하게 준비함 • 세부사항에 주의함 • 조직적으로 전체적인 기획을 잘함 • 전망을 잘 보며, 비상계획을 잘 세움 • 매끄럽고, 효율적이고, 협조를 잘 받으며, 진행 중인 프로젝트를 모니터링함 • 일의 진행을 돌봄	• 마감일까지 일을 마치는 것이 어려움 • 너무 치밀하게 오류가 있나 확인하고, 작은 변경을 계속 요구하며, 최종안이 아닌 초안에 많은 시간을 할애함 • 타인의 아이디어를 자기 것으로 통합하기 힘듦 • 자신이나 타인에게 높은 기준을 요구함 • 적절한 선을 찾지 못함 • 비판을 받으면 의욕을 상실함 • 문제가 발생하면 대리인에게 인계함 • 자신은 무가치하고 불만족함을 느낄 수 있음
팀활동을 통한 해결책 찾아보기	

(2) 타인을 기쁘게 하라

'타인을 기쁘게 하라' 업무 스타일 사례

K 팀장은 최근 지나치게 실적 향상만을 요구하고 상대방의 감정을 공감하지 않는 새로운 부장으로 인해 내면에서 자신도 모르게 한숨을 내쉰다. 평소 다른 사람의 욕구를 먼저 챙기는 편이며, 직장에서의 인간관계도 자신을 늘 낮춘다. 이번에도 그는 새로 부임한 부장에게 그저 순응적으로 머리를 한쪽으로 푹 숙이고, 부과된 업무가 과하지만 힘들다는 의견을 표현하지 않았다. 일만을 그저 완벽하게 해내거나 실적을 높이고자 하는 부장이 업무상 실수를 비난하자 가슴 아파하고 괴로워할 뿐이다. 심지어 자신도 힘들지만 동료의 업무 관련 도움 요청도 거절하지 못하고 뒤에서 다 처리해 주느라 바쁘다.

'타인을 기쁘게 하라' 업무 스타일 장점 · 단점 탐색하기

장점	단점
• 좋은 팀원들과 함께 있는 것을 즐기고 그저 기쁘게 해 주려고 함 • 이해하고 공감함 • 직감을 사용하며, 몸짓 언어와 기타 신호를 잘 파악함 • 집단과 팀의 조화를 격려함 • 조용한 회원들을 토론으로 초대함 • 타인의 감정을 중시함	• 타인의 기분을 상하게 하는 것을 회피하려 하기 때문에 비록 잘못된 것이라도 견해를 내세우지 않음 • 비판을 조심스러워하고 무시당함 • 확신이 결여된 듯 보임 • 자신의 견해를 질문으로 제시하지만, 자기주장과 비판적 기능과 신념에 대한 용기가 부족한 듯 보임 • 타인들이 간섭하도록 허용함 • 감정적으로 반응해 필요한 정보를 요청하지 않으며, 타인들과의 결과가 좋지 않으면 오해가 있었다고 느낌

팀활동을 통한 해결책 찾아보기

(3) 열심히 하라

'열심히 하라' 업무 스타일 사례

M은 훌륭한 프로젝트 감독이다. 그는 창의적이고 다양한 취미를 가지고 있다. 직장에서 그는 새로운 프로젝트를 즐겼고, 남들이 그 프로젝트를 완수하도록 업무를 남겨두는 것을 좋아했다. 그는 종종 업무를 위임해서 처리했는데, 그의 직원들은 신뢰받는다고 느꼈기 때문에 그 위임은 그들에게 나쁜 일이 아니었다. 반면에 직원들은 M이 해야 할 일을 자신들에게 시키는 경험을 했을 때 화가 났다. M은 대화를 할 때 그의 의중을 분명히 드러내지 않았고, 새로운 주제에서는 옆길로 빠지곤 했다. 그러므로 동료들은 M이 자신들이 하는 말과 행동에 대해 관심을 가지지 않는다고 생각했다.

'열심히 하라' 업무 스타일 장점 · 단점 탐색하기

장점	단점
• 열심히 무엇을 시도함 • 새로운 일이 있을 때마다 에너지가 상승함 • 타인들은 동기와 업무를 시작하는 능력을 칭하며, 인기가 있고, 문제해결을 잘함 • 새로운 도전에 자원하고, 모든 가능성을 점검함 • 모든 경우의 결과를 알아보며, 과제의 모든 면이나 다른 사람들이 간과하는 것까지도 주의를 기울임	• '예, 그러나' 게임 • 성공보다는 시도하는 데 주력함 • 과업이 끝나기도 전에 처음의 열정이 식기 쉬움 • 평범한 흥미를 가졌던 타인들이 홀로 남겨지면 그를 증오함 • 과제를 엉망으로 만듦 • 짜증 나게 하는 소통 방식 또는 얼굴을 찡그리게 만드는 소통 방식으로 듣는 사람은 혼란스러움 • 많은 질문을 받지만 답변은 질문과 관계가 없음 • 불평을 자주함

팀활동을 통한 해결책 찾아보기

(4) 강해지라

'강해지라' 업무 스타일 사례

사람들은 J를 좋아하지만 힘든 상황에서도 자신의 마음을 말하지 않는다고 생각했다. 직장에서 그녀의 직위는 밀려났고, 만약 그녀가 직장에 계속 남고자 한다면 직위는 강등되어야 했다. 국민건강보험의 혜택을 받는 그녀가 이전과 동일한 직위의 직업을 구하기란 매우 어려운 일이다. 그녀의 동료가 J에게 이러한 정보를 주었을 때 J는 어떠한 감정도 드러내지 않았다. 따라서 그녀의 동료들은 그러한 J를 지원하는 것이 힘들다는 것을 알았고, 오히려 그녀로부터 거부당하는 경험을 했다. 일부 사람은 J가 위기상황에서도 자신의 생각과 입장에서만 행동하며 감정을 드러내지 않는 이상한 사람이라 여기곤 했다.

'강해지라' 업무 스타일 장점 · 단점 탐색하기

장점	단점
• 스트레스가 있어도 침착함 • 위기에 강함 • 타인들이 공황상태에 있어도 논리적으로 사고함 • 감정적이지 않음 • 문제해결을 잘함 • 타인에게 공평함 • 거짓 없는 피드백과 건설적인 비판을 줌 • 믿을 만하고 안정감 있음	• 약함을 인정하는 것을 혐오함 • 대응에 실패하는 것은 약함 • 도움을 청하지 않고 너무 많은 일을 떠안음 • 매우 자기비판적임 • 감정적 반응이 없어 타인들은 불편해함 • 웃음이 눈까지 번지지 않는 로봇 같은 사람 또는 가면을 쓴 사람 • 두려움을 싫어함 • 거절당하지 않도록 요청하지 않음

팀활동을 통한 해결책 찾아보기

(5) 서두르라

'서두르라' 업무 스타일 사례

C는 위기를 다룰 능력을 지녔고, 당황스러운 상황에서도 침착함을 유지한다. 가끔 그녀가 직장에서 위원들에게 업무를 발표할 때 약간 불안해지고 말이 빨라진다. 그녀가 사용하는 단어들은 주로 속도에 관한 것이 많다. 예를 들면, '시작하자' '빨리 서둘러' '빈둥대지 마' 등이다. C는 사람들이 일이나 모임에서 서두르지 않거나 늑장을 부릴 때 초조해하는 경향이 있다. C는 발을 동동 구르거나 손가락을 책상 위에 두드리거나 반복적으로 시계를 보곤 한다. 서두름으로써 그녀의 불편한 느낌을 회피하고자 했으며, 그녀의 '강해지라'의 드라이버는 강화되었다. C의 행동은 동료들로 하여금 Not OK를 경험시키기 때문에 그들을 불편하게 만들었다.

'서두르라' 업무 스타일 장점 · 단점 탐색하기

장점	단점
• 업무를 빨리 많이 처리하여 짧은 시간 내에 대응을 잘함 • 압력이 있을 때 에너지가 최고로 발산이 되며, 많은 일을 하는 것을 즐김 • 빠르게 준비하고, 일에 할애하는 시간을 줄이며, 다른 사람과 시간을 보냄 • 여러 가지 일을 동시에 함	• 마감일까지 마무리를 잘 못하고, 서두르기 때문에 실수를 잘하며, 그래서 업무의 질이 낮음 • 조바심을 잘 내며, 서둘기 때문에 중요한 일이나 서류 등을 잊어버림 • 사람들과 친해질 시간이 없어서 방관자로 느낌

팀활동을 통한 해결책 찾아보기

4. TA 셀프코칭

TA 셀프코칭은 자신을 이해하는 동시에 스스로 자기 삶의 주체자가 되어, 새로운 삶의 방식을 결정하고 또 다른 선택을 가능하게 돕는 것이다. 교류분석은 TA 셀프코칭을 통해 개인이 스스로 성장하고 변화하며, 건강한 인간관계를 구축하는 데 효과적으로 사용할 수 있다.

1) 변화를 위한 질문

- **나는 정말 변화를 절실히 원하는가?**

- **변화에 따르는 고통을 감수할 수 있는가?**

- **새로운 생활 습관을 만들 수 있는가?**

---

2) 조직 내에서 나의 현재 모습과 변화하고자 하는 모습 탐색하기

- **조직 내에서 나의 현재 모습은 어떠한가? (위치, 관계, 업무 스타일 등)**

- **조직 내에서 나의 변화하고자 하는 모습은 무엇인가? (위치, 관계, 업무 스타일 등)**

---

3) 조직 내에서 나의 미래 모습 구체화하기

조직 내에서 나의 미래 모습 상상하고 체험하기

- 눈을 감고 조직 내에서 5년 후, 10년 후 나의 미래 모습을 상상해 보라.

- 무엇이 보이는가? 무슨 느낌이 드는가? 구체적으로 체험해 보라.

조직 내에서 나의 미래 모습 구체화하기

- 무엇이 나를 변화된 삶으로 이끌었는가?
- 미래에 원하는 모습이 되기 위해 무엇을 했는가?
- 이를 실현하기 위해 무엇을 어떻게 통제했는가?
- 어떤 자원을 활용했는가?
- 어떤 위험을 감수했는가?
- 누구에게 도움을 받았는가?
- 목표를 어떻게 수정했는가?
- 어떤 것에 초점을 두어 변화를 추구했는가?

4) 조직 내에서 변화된 인간관계 탐색하기

1. 나는 현재 동료, 상사와의 인간관계가 어떠한가?

– 지금 몇 점이라고 생각하는가?

매우 나쁘다 … 매우 좋다

1 2 3 4 5 6 7 8 9 10

– 몇 점이면 관계가 좋아질 것 같은가?

매우 나쁘다 … 매우 좋다

1 2 3 4 5 6 7 8 9 10

2. 앞으로 어떤 모습으로 변화하기를 원하는가?

---

3. 이런 모습으로 변화되기 위해서 무엇이 필요한가?

---

4. 나는 현재 다른 부서 직원과의 인간관계가 어떠한가?

매우 나쁘다 … 매우 좋다

1 2 3 4 5 6 7 8 9 10

5. 나는 나의 역할을 통해 어떤 성과를 내고 싶은가?

---

6. 성과를 통해서 어떤 보상(스트로크)을 원하는가?

---

7. 동료들로부터 어떤 피드백을 받기를 원하는가?

---

8. 퇴직 시 나의 모습은 어떤 모습이기를 원하는가?

---

5) 변화를 위한 행동계획 작성하기

우선 순위	변화 항목	무엇을	어떤 상황을	어떤 방법으로
예시 1	상사와 인간관계 개선하기(2점 향상)	먼저 다가가서 대화를 요청한다.	업무 시작 전이나 여유 있는 시간에	차를 마시면서 진솔하게 대화한다.
예시 2	부정언어 줄이기	대화 시 긍정언어로 시작한다.	새로운 업무를 요청받거나 요구받을 시	"검토해 본 후에 말씀드리겠습니다."라고 말한다.
1				
2				
3				

6) 성공한 모습 상상하기

- 미래에 성공한 나의 모습 상상해 보기

  – 1순위:

  – 2순위:

  – 3순위:

- 성공한 나에게 이야기해 보기

- 나에게 긍정 스트로크 주기

7) 긍정 확언문 작성하기

긍정 확언문 작성

1. ....

2. ....

3. ....

4. ....

5. ....

긍정 확언문 예시

① 나의 하루는 신선한 가능성으로 가득 차 있다.
② 내 삶은 감사, 기쁨, 사랑으로 가득하다.
③ 내 몸은 생명력과 에너지가 넘친다.
④ 나는 언제나 긍정적인 태도를 선택한다.
⑤ 나는 무한한 가능성으로 넘쳐나고 좋은 결과가 있다.
⑥ 나는 있는 그대로의 나를 진정으로 아끼고 사랑한다.
⑦ 나는 모든 가능성에 마음을 활짝 연다.
⑧ 나는 대인관계에서 편안하고 여유롭다.
⑨ 내가 찾는 모든 것은 이미 내 안에 있다.
⑩ 나는 지금 여기에서 매 순간 새롭게 시작한다.

출처: 하루명상 공식 애플리케이션(https://harumeditation.com/).

제5장

갈등 및 스트레스 관리

1. 갈등 및 스트레스 이해
2. 갈등 및 스트레스 해결

1. 갈등 및 스트레스 이해

우리는 직장에서 다양한 갈등과 스트레스를 경험하게 된다. 조직의 성과 달성을 위해 갈등 자체는 필연적이다. 갈등을 해결하는 과정에서 과다한 스트레스가 유발되면 조직 내에 인간관계 등 다양한 문제가 발생할 수 있다. 같은 부서라고 해도 각자의 성격, 배경, 생각, 가치관, 습관, 목표에 따라 갈등을 다루는 방법은 모두 다르다.

조직에서는 업무 분담이나 상사 또는 부하직원과의 인간관계 등 갈등이 많다. 이러한 갈등은 대부분 비효율성, 생산성 저하, 이직률 증가 등 부정적인 결과를 만들게 된다. 갈등으로 인한 스트레스가 증가되면 퇴사 및 이직 결심, 업무 동기 약화, 애사심 저하, 업무 집중력 저하 등 조직에 영향을 미치게 되고, 직원들에게 무기력, 짜증, 동화, 무능화, 폭력 등이 나타날 수 있다.

갈등을 해결하기 위해서는 조직 구성원 간의 좋은 인간관계가 매우 중요하다. 조직의 발전을 위해서 갈등을 잘 대처하는 방법들을 알아보고자 한다.

1) 조직 내 갈등 및 스트레스 유형

조직 안에서 조직원 간에 갈등 및 스트레스의 요인은 다양하며, 갈등에 대처하는 유형에는 다섯 가지 유형이 있다.

- **경쟁:** 자신의 입장을 강력하게 주장, 상대방 입장을 밀어내는 스타일
- **협력:** 상호 간 만족스러운 합의점을 찾기 위해 노력하는 스타일
- **회피:** 갈등 상황을 직면하지 않고 회피하려는 스타일
- **타협:** 양보를 통해 빠른 해결을 추구하는 스타일
- **적응:** 상대방의 입장을 존중하며 협력적인 관계를 유지하려는 스타일

2) 갈등 및 스트레스가 조직에 미치는 영향

갈등이나 스트레스가 조직에 미치는 영향은 매우 다양하다. 갈등이나 조직 스트레스가 조직에 막대한 영향을 주기 때문에 상호이해를 기반으로 서로의 생각을 조정하고 관리하는 것이 필요하다.

갈등이 심할 경우에는 파산, 경영 악화, 주가 하락, 생산성 저하, 기밀 유출, 핵심 인력 이직, 직원 건강 악화 등 조직 안에서 다양한 부정적인 양상이 일어날 수도 있다.

직원·주주 나 몰라……. 막장 드라마 된 OO약품 집안 싸움

박○○ 대표 중심 조직 개편 시작
사장이 전무로 하루아침에 강등
전문경영인 구축 두고 갈등 점화
○○약품 '강등 무효…… 권리 남용'
임○○ '도발 행위 좌시 않을 것'

올해 내내 끌어온 ○○약품 그룹의 경영권 분쟁이 어디로 튈지 모르는 한 편의 드라마를 연출하고 있다. 지주사에서 ○○약품 대표이사 직급을 하루아침에 '사장'에서 '전무'로 강등하는가 하면, ○○약품은 해당 조치가 '무효'라고 맞받아치며 지주사 별도의 독립 경영을 선언했다.

31일 제약업계에 따르면, ○○약품 그룹의 핵심 사업회사 ○○약품이 지주사 ○○사이언스의 종속 회사로서의 경영이 아니라 독립 경영을 선언하는 등 경영권 분쟁이 재점화된 모습이다. 최대주주 신○○의 ○○정밀 회장 및 송○○ 회장, 임○○ 부회장 모녀 등 대주주 3자 연합과 ○○사이언스 임○○ 대표이사, ○○약품 임○○ 이사 등 형제 측의 갈등이 본격화한 것이다.

○○약품은 전문경영인 박○○ 대표이사 중심의 독자 경영을 본격화한다고 지난 29일 밝혔다.

그동안 지주사에 위임해 왔던 인사 부문을 독립시키고 ○○약품 내 인사 조직을 별도로 신설했다. 독자 경영에 필요한 여러 부서를 순차적으로 신설한다는 계획이다. 모녀와 신○○ 회장이 언급해 온 '한국형 선진 전문경영인 체제' 구축의 시작이라고 했다.

독자 경영 추진 후 그룹 내 갈등은 전문경영인의 직위 강등으로 이어졌다. 3자 연합 측 인사인 박○○ 대표의 직위가 지난 28일 ○○사이언스 임○○ 대표에 의해 사장에서 전무로 강등됐다. 업무도 제조본부 담당으로 축소되었다.

출처: 송연주(2019).

2. 갈등 및 스트레스 해결

1) 스트레스 반응 검사 실시 및 유형별 특성

조직에서 스트레스를 받는 정도를 질문을 통해 점검해 보고자 한다.

- **직장으로 인한 스트레스가 얼마나 많은가?**

매우 적다 ← 1 2 3 4 5 6 7 8 9 10 → 매우 많다

- **나는 스트레스를 잘 받는 사람인가?**

전혀 아니다 ← 1 2 3 4 5 6 7 8 9 10 → 매우 그렇다

- **직장에서 받는 스트레스는 어느 정도인가?**

매우 적다 ← 1 2 3 4 5 6 7 8 9 10 → 매우 많다

- **스트레스가 갈등으로 이어지는 경우는 어느 정도인가?**

매우 적다 ← 1 2 3 4 5 6 7 8 9 10 → 매우 많다

(1) 스트레스 반응 검사란

스트레스 반응 검사는 사람들이 살아가면서 접하는 스트레스 상황에 어떻게 반응하는지를 알아보기 위한 검사로서, 교류분석 이론을 기반으로 제작되었다. 이 검사를 통해 자신의 스트레스 반응 유형과 반응 정도를 알아봄으로써 자신을 이해하고, 스트레스 상황을 지혜롭게 해결할 수 있다.

스트레스 반응 행동인 '아무것도 하지 않기'는 침묵하거나 혼자 있기를 통해 스트레스를 벗어나고자 하는 것이고, '과잉적응'은 상대방이 원하는 대로 행동함으로써 스트레스를 벗어나고자 하는 것이다. 그리고 '동요'는 책상 두드리기처럼 짜증스러운 행동을 통해 스트레스를 벗어나고자 하는 것이고, '무능화'는 자신을 무능하게 하는 행동을 통해 스트레스를 벗어나고자 하는 것이며, '폭력'은 폭력적인 행동을 통해 스트레스를 벗어나고자 하는 것이다(장희선, 2022).

(2) 스트레스 반응 검사 활용 방안

자신의 스트레스 반응 양상을 안다는 것 자체만으로는 큰 도움이 되지 않는다. 스트레스 반응 검사는 자신의 반응 양상이 지니는 특징과 이를 인간관계에서 실제로 적용할 수 있을 때 비로소 그 힘을 발휘한다. 특히 개인의 스트레스 반응 양상은 고정된 상태를 의미하지 않는다. 스트레스 반응 양상은 개인에 대해 모든 것을 설명하지 않으며, 개개인은 각자 자신을 제일 잘 알기 때문에 오직 자신만이 반응 양상을 알 수 있다. 스트레스 발생 시 반응 유형이 허용되어야만 갈등으로 이어지지 않고, 친밀한 인간관계가 형성될 수 있다. 따라서 조직의 리더는 구성원의 스트레스 반응 양상을 이해하고, 일정 부분을 허용해 주어야 조직의 활성화 및 성과를 높일 수 있다.

스트레스 반응 검사 프로파일

(별도자료 활용)

① 스트레스 반응 유형별 해석

<table>
<tr><th rowspan="3">등급
반응 유형</th><th colspan="15">스트레스 반응 유형별 특성(5등급)</th></tr>
<tr><th colspan="3">매우 높음</th><th colspan="3">높음</th><th colspan="3">보통</th><th colspan="3">낮음</th><th colspan="3">매우 낮음</th></tr>
<tr><th>키워드</th><th colspan="2">A등급</th><th>키워드</th><th colspan="2">B등급</th><th>키워드</th><th colspan="2">C등급</th><th>키워드</th><th colspan="2">D등급</th><th>키워드</th><th colspan="2">E등급</th></tr>
<tr><td rowspan="3">아무것도 하지 않기
(doing nothing)</td><td rowspan="2">자폐 적인</td><td>남</td><td>53~55</td><td rowspan="2">폐쇄 적인</td><td>남</td><td>44~52</td><td rowspan="2">의례 적인</td><td>남</td><td>36~43</td><td rowspan="2">소극 적인</td><td>남</td><td>19~35</td><td rowspan="2">간헐 적인</td><td>남</td><td>11~18</td></tr>
<tr><td>여</td><td>54~55</td><td>여</td><td>46~53</td><td>여</td><td>37~45</td><td>여</td><td>20~36</td><td>여</td><td>11~19</td></tr>
<tr><td colspan="3">자폐적인
우울감이 높은
아무도만나고싶지않은
거부적인
멍한
꼼짝달싹하지 않음</td><td colspan="3">폐쇄적인
만사 귀찮은
사람 만나기를 꺼리는
아무 생각 없는
불안으로 가득찬
잠 못 이루는</td><td colspan="3">의례적인
걱정이 많은
수면장애가 있는
기대가 없는
습관에 따르는
고착하는</td><td colspan="3">힘겹게 활동하는
소극적인
드러내지 않는
겨우겨우 하는
걱정이 많은
에너지를사용하지않는
머뭇거리는</td><td colspan="3">간헐적인
망설이는
쉬고 싶은
마지못해 하는
쭈뼛쭈뼛하는
나서지 않는</td></tr>
<tr><td rowspan="3">과잉적응
(overadaptation)</td><td rowspan="2">맹목 적인</td><td>남</td><td>52~55</td><td rowspan="2">복종 족인</td><td>남</td><td>45~51</td><td rowspan="2">희생 하는</td><td>남</td><td>39~44</td><td rowspan="2">순응 하는</td><td>남</td><td>26~38</td><td rowspan="2">적응 하는</td><td>남</td><td>11~25</td></tr>
<tr><td>여</td><td>51~55</td><td>여</td><td>45~50</td><td>여</td><td>38~44</td><td>여</td><td>26~37</td><td>여</td><td>11~25</td></tr>
<tr><td colspan="3">맹목적인
무조건 적인
강박적인
자기 존재감이 없는
타인에게 순종하는
책임감이 과한</td><td colspan="3">복종적인
마음이 쓰이는
집착하는
무리하는
몰두하는
거절할 수 없는
자기비하
부응하는</td><td colspan="3">희생적인
인내하는
기대에 부응하는
안색을 살피는
눈치가 보이는
자신을 깎아 내리는</td><td colspan="3">순응적인
무조건 끄덕이는
마음이 쓰이는
분위기를 맞추는
돌보는
노력하는</td><td colspan="3">적응적인
소망하는
자주 웃어 주는
사려가 깊은
충고를 듣는</td></tr>
<tr><td rowspan="3">동요
(agitation)</td><td rowspan="2">히스테 릭한</td><td>남</td><td>48~55</td><td rowspan="2">산만한</td><td>남</td><td>40~47</td><td rowspan="2">충동 적인</td><td>남</td><td>33~39</td><td rowspan="2">즉흥 적인</td><td>남</td><td>19~32</td><td rowspan="2">흥미가 없는</td><td>남</td><td>11~18</td></tr>
<tr><td>여</td><td>45~55</td><td>여</td><td>39~44</td><td>여</td><td>32~38</td><td>여</td><td>20~31</td><td>여</td><td>11~19</td></tr>
<tr><td colspan="3">히스테릭한
혼란스러운
맥락을 놓치는
안절부절못하는
갈팡질팡하는
초조한
비명을 지르는</td><td colspan="3">체계적이지 못한
자주 화가 나는
발을 구르는
다른 생각에 빠지는
산만한
주제에 빗나가는
손톱을 물어뜯는</td><td colspan="3">말썽을 부리는
짜증스러운
긴장하는
당황해하는
술렁거리는
확고하지 못한</td><td colspan="3">초점에 어긋나는
대화를 놓치는
즉흥적인
기가 약한
예측이 어려운</td><td colspan="3">흥미가 없는
지루해하는
꺼려하는
작은 일에 긴장하는
정신이 없는</td></tr>
</table>

무능화 (incapacitation)	무능력한	남	48~55	무기력한	남	40~47	자신감 없는	남	32~39	소극적인	남	15~31	유약한	남	11~14
		여	49~55		여	41~48		여	32~40		여	16~31		여	11~15
	의지하고 싶은 쓸모없는 무능력한 해결할 힘이 없는 슬퍼하는 우울해하는 자존감이 낮은			부족하다고 느끼는 무기력한 복종적인 자신감이 없는 감당하지 못하는 내 잘못이라는 생각하는			유능하지 못한 제대로 할 수 없는 쓸모없는 생각을 하는 정보가 부족한 타인을 따르는 피해의식이 있는			방법을 모르는 스트레스가 많은 도전을 두려워하는 소극적인 흐지부지한 하기 싫은			힘없는 자신이 싫은 유약한 치우지 못하는 정리가 되지 않는 재능이 없는 것 같은		
폭력 (violence)	폭력적인	남	50~55	분노하는	남	41~49	화가 나는	남	33~40	비난하는	남	17~32	시비 거는	남	11~16
		여	45~55		여	38~44		여	31~37		여	18~30		여	11~17
	통제가 되지 않는 강제적인 충동적인 파괴하는 극단적인 공격적인 폭력적인			흥분하는 성미가 급한 뜻을 관찰하려는 분노하는 마음에 들지 않는 질주하는 위협하는			의도대로 되지 않는 논쟁하는 답답해하는 화가 나는 혐오하는 배제하는			비판적인 비난하는 지는 것을 싫어하는 자기주장이 강한 문제에 부딪히는 차별하는			괴롭히는 시비를 거는 생각대로 되지 않는 뚫어지게 쏘아보는 째려보는 말투가 거친 험담하는		

출처: 장희선 외(2022).

② 스트레스 반응 검사 예시

검사결과	아무것도 하지 않기 (D)	과잉적응 (O)	동요 (A)	무능화 (I)	폭력 (V)	
점수	27	41	33	21	52	
등급	D	B	C	D	A	

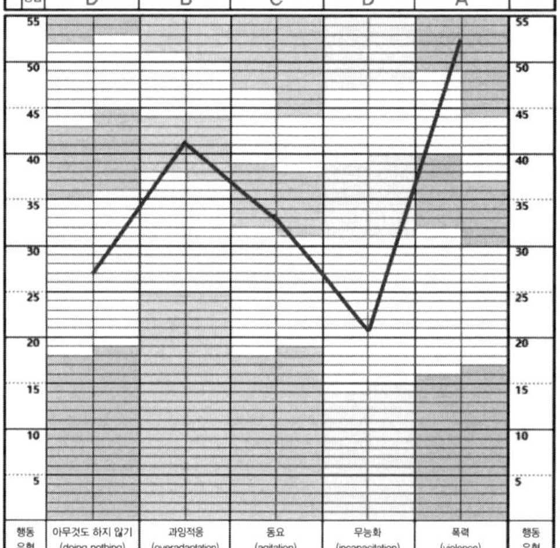

➤ 스트레스 행동유형별 각 칸의 가운데 점선의 왼쪽은 남자, 오른쪽은 여자의 전국 보통수준의 평균치를 나타냅니다.
➤ 검사결과를 매우높음(A등급), 높음(B등급), 보통(C등급), 낮음(D등급), 매우낮음(E등급)의 5등급으로 구분합니다.

스트레스 반응 검사 해석

– **아무것도 하지 않기(D)**: 힘겹게 활동하는, 소극적인, 드러내지 않는, 겨우겨우 하는, 걱정이 많은, 머뭇거리는, 에너지를 사용하지 않는

– **과잉적응(B)**: 순응적인, 무조건 끄덕이는, 마음이 쓰이는, 분위기를 맞추는, 돌보는, 노력하는

– **동요(C)**: 말썽을 부리는, 짜증스러운, 긴장하는, 당황해하는, 술렁거리는, 확고하지 못한

– **무능화(D)**: 방법을 모르는, 스트레스가 많은, 소극적인, 하기 싫은, 도전을 두려워하는, 흐지부지한

– **폭력(A)**: 통제가 되지 않는, 강제적인, 충동적인, 파괴하는, 극단적인, 공격적인, 폭력적인

스트레스 반응(폭력)	스트레스 반응 감소방안	
• 일의 추진이 느려 답답할 때 • 상대방의 반응이 답답하다고 느낄 때 • 매일 같은 일을 반복할 때 • 생각을 억제하고 참아야 할 때 • 업무 관련 재량권이 주어지지 않을 때 • 속마음을 몰라 주고 극단적인 사람으로 평가받을 때	• 혐오스러운 행동 찾기 • 폭력 상황 점검하기 • 파괴적인 내적 충동 찾기 • 집착 찾기 • 폭력적인 행동 반복성 찾기 • 공감하기 • 민감한 상황 파악하기	• 명상하기 • 아름다운 언어 사용하기 • 타인의 이야기에 귀 기울이기 • 내가 옳다는 생각 버리기 • 화가 나는 이유 찾기 • 타인의 입장 되어 보기 • 자신의 상처 단어 점검하기

출처: 장희선 외(2022).

2) 조직 내 갈등사례를 중심으로 해결책 모색하기

(1) 갈등사례 탐색하고 분석하기

직장상사인 M은 직원인 K에게 워크숍 홍보를 맡아 달라고 강한 어조로 부탁을 했다. 직원 K는 자신이 현재 맡고 있는 업무가 너무 벅차서 담당할 수 없으며, 직원이 나 하나뿐인 것도 아니고 일손 부족은 자신으로 인한 것이 아니기 때문에 할 수 없다고 했다. 또한 책상을 손가락으로 탁탁 치면서 화난 감정을 표출했다. 상사 M은 알았으니 신경 쓰지 말라고 한 후 결국은 자신이 홍보업무를 도맡았다.

➲ 갈등을 줄이거나 해소할 방법을 찾아보기

- **역할극을 통한 해결책 찾기**

  ① 3명씩 짝을 이룬다.

  ② 역할분담(상사 M, 부하 K, 관찰자)을 한다.

  - 5분 정도 역할극을 하게 한다.
  - 역할 바꾸기를 통하여 세 가지 역할을 한 번씩 해 본다.

  ③ 각자의 역할에 대한 소감 나누기를 한다.

  ④ 역할극이 끝나고 나면 전체 구성원들과 워크숍에서 함께 나누어 본다.

- **상사 M과 부하 K가 느끼는 갈등과 스트레스 요인 찾기**

상사 M의 갈등과 스트레스 요인	부하 K의 갈등과 스트레스 요인

갈등 상황 파악 예시

- 당사자일 때 갈등
- 중재자일 때 갈등
- 유발자일 때 갈등
- 피해자일 때 갈등

갈등 위치에 따른 대처 방법

- 상사인 M은 K의 요구가 위협적이었지만 그대로 받아 주었다
- 부하인 K는 상사가 지시를 해도 내가 화를 내면 통한다고 생각한다.
- 상사 M에게 부하직원 K의 반응은 반대하는 상태이다.
- 부하인 K에게 느끼는 화, 분노의 감정은 상사 M이 부하와의 갈등을 회피하기 위한 생득적인 반응이다.
- 부하직원 K는 상사 M에 대한 존경심이 낮아질 것이다.
- 상사 M의 반응은 일관되지 않은 상태에 해당된다.

(2) 해결방안 탐색하기

- **교류를 어떻게 바꾸어야 하는가?**

치료적 의사소통 기법(긍정적 의사소통 기법)	비치료적 의사소통 기법(부정적 의사소통 기법)
• 경청하기: 상대방의 관심을 집중시키고 열심히 듣는 능동적이고 적극적인 과정 • 수용하기: 비심판적이고 관심있는 태도로 구성원을 지지하고 정보를 받아들이는 것 • 정보 제공하기: 구성원이 원하거나 필요한 경우 알고 있는 지식을 알려 주고 질문에 답해 주는 것 • 개방적 질문하기: 구성원에게 이야기할 기회를 제공하는 방법으로, 광범위하고 일반적인 질문을 주는 것 • 일치하기: 구성원과 소통에서 언어적 메시지와 비언어적 메시지가 일치하는 의사소통	• 일시적 안심시키기: 실제로 문제가 있음에도 불구하고 구성원에게 모든 것이 잘 해결될 것이라고 반응하는 것 • 동의하기: 구성원의 특정 관점에 대해 동의를 표하는 것으로, 이런 태도의 결과 구성원의 생각과 행동을 평가하는것 • 비난하기: 구성원의 생각이나 행동에 심사숙고하지 않고 비판하거나 비난하는 것 • 거절하기: 구성원의 생각이나 행동에 심사숙고하지 않고 바로 거부하는 것 • 무조건 칭찬하기: 구성원의 생각이나 행동에 무조건적으로 칭찬하는 것

• 공감하기: 구성원이 이야기에 친밀감, 안정감, 만족감을 느끼게 되는 것	• 논쟁하기: 구성원의 판단에 논리적인 반박을 하며 대화를 지속하는것 • 도전하기: 구성원의 비현실적인 지각을 증명하도록 답변을 요구하는것

- 상사 M과 부하 K는 교류를 어떻게 바꾸어야 하는가?

상사 M의 갈등과 스트레스 요인	상사 M의 변화된 교류
부하 K의 갈등과 스트레스 요인	**부하 K의 변화된 교류**

● **조직에서 활성화하거나 제거해야 할 스트로크는 무엇인가?**

조직에서 활성화해야 할 스트로크 (긍정 스트로크 반응)	조직에서 제거해야 할 스트로크 (부정 스트로크 반응)
• 실수가 있을 때 격려해 주는 것, 일을 잘했을 때 지지해 주는 것 • 대화할 때 고개를 끄덕여 주고 인정해 주는 것 • 작은 질문에도 귀 기울여 주고, 어려운 일을 부탁해도 웃어 주며 반기는 것 • 반갑게 인사를 먼저해 주고 미소 짓는 것 • 힘들고 지쳐 있을 때 위로해 주고 마음을 나누어 주는 것 • 상사가 먼저 관심을 보이며 다가와 주는 것 • 칭찬을 아끼지 않는 것	• 직원에 대해 따돌리거나 무시하는 것 • 부하직원을 신뢰하지 못하고 빈정거리는 것 • 언어적 폭력 및 신체적 폭력 • 다른 직원 앞에서 추궁하고 질책하는 것 • 악담하며, 상사에게도 능력 없는 직원으로 알리는 것 • 작은 실수에도 질책하고 비난하는 것 • '일을 잘하나 보자' 하면서 노려보고 비웃는 것

● **상사 M과 부하 K는 스트로크는 어떻게 바꾸어야 하는가?**

상사 M이 수정해야 할 스트로크	부하 K가 수정해야 할 스트로크

- **인생태도를 어떻게 바꾸어야 하는가?**

Not OK 인생태도		OK 인생태도	
무력감 · 슬픔	• 이 놈의 일 지겹다, 지겨워. • 돈만 있으면……. • 일류대학만 나왔다면……. • 언젠가 할 거야. • 나는 할 수 없어, 못해. • 모두 너 때문이야. • 해 봤자 소용없어.	용기 · 희망	• 할 일이 있어 다행이야. • 돈을 많이 벌려면……. • 지금 당장 시작하자. • 난 할 수 있어. • 나라고 왜 못해. • 내가 하기 나름이야. • 일단 해 보자.
고정 관념 · 매너 리즘	• 그것은 내 분야가 아니야. • 말이 쉽지 조직이 바뀌냐? • 정답은 하나야. • 타인의 평가에 민감해. • 어리석게 굴거나 틀리면 안 돼. • 대충 보고 선입견으로 판단해.	적극적 · 창의성	• 마음만 먹으면 얼마든지 해낼 수 있어. • 노력하면 조직도 변화할 수 있지. • 정답도 많고 해결책도 많아. • 내가 지켜야 할 원칙은 잘 지켜. • 실수하면서 성장한다고 생각해. • 나만의 주관을 가지고 하는 거야.

출처: 장희선 외(2022).

- **상사 M과 부하 K는 인생태도를 어떻게 바꾸어야 하는가?**

상사 M이 수정해야 할 인생태도	부하 K가 수정해야 할 인생태도

- **하루의 시간을 어떻게 바꾸어야 하는가?**

인간은 주어진 시간을 어떻게 보낼 것인지에 대해 결정하고자 하는 욕구를 가지고 있다. 폐쇄에서 친밀로 갈수록 타인으로부터 거부 또는 배척을 받을 가능성이 높아지므로 어린이 자아는 이를 생존의 위협으로 지각한다. 그러나 어른 자아는 타인과의 친밀한 교류를 두려워할 필요가 없다. 어떤 시간 구조화를 선택해도 실질적인 생존의 위협은 발생하지 않는다.

– 직장에서 구성원들과 함께 시간을 보내는 방식이 어떠한가?

☐ 폐쇄
☐ 의례
☐ 잡담
☐ 활동
☐ 게임
☐ 친밀

- **상사 M과 부하 K는 하루의 시간을 어떻게 바꾸어야 하는가?**

상사 M이 수정해야 할 하루의 시간	부하 K가 수정해야 할 하루의 시간

● 변화를 위한 다짐은 무엇인가?

변화를 위해 다짐해야 할 사항

- 적대적인 행동은 조직 구성원에게 변화를 일으키지 못한다.
- 충격 요법은 지속적이고 효과적인 행동 변화를 유도하지 못한다.
- 한 번에 바꾸려고 하는 것은 행동 변화를 유도하는 데 도움이 되지 않는다.
- 행동 변화는 결과가 아니라 과정이므로 우리가 가고자 하는 방향으로 가고 있는가를 알려 주는 신호를 관찰하고 추적해야 한다.
- 효과적인 다짐은 실제로 이행할 행동과 보상을 연결짓도록 한다.

● 다음 중 나에게 변화가 필요하다고 생각하는 것은 무엇인가?

☐ 스트로크
☐ 인생태도
☐ 의사소통
☐ 시간을 보내는 방식

- **행복한 조직생활을 위해 실천 가능한 나의 다짐을 선언문 형식으로 작성해 본다.**

내일의 나를 위한 다짐 선언문

나는 행복한 삶을 선택했으며, 이를 위해 행동 변화를 결심했습니다. 어제보다 소중한 오늘을 위해 나는 다음과 같이 다짐을 선언합니다.

첫째,

둘째,

셋째,

20 년 월 일

이름 (서명)

- **다짐 선언문을 낭독한다.**

  – 팀원들과 다짐 선언문을 낭독하고, 전체 참여자 앞에서 자유롭게 발표한다.

- **다짐 선언문을 마음에 새기는 연습을 한다.**

  – 눈을 감고 다짐 선언문을 자신의 마음에 새겨 본다.

제6장

OK 조직문화 만들기

1. 나의 조직과 OK 조직문화
2. OK 조직문화를 만들기 위한 인생태도 향상

1. 나의 조직과 OK 조직문화

OK 조직이란 구성원도 성장하고 조직도 원하는 성과를 달성하고, 구성원과 조직이 모두 'OK'가 되는 조직을 말한다. OK 조직문화를 만들기 위해서는 조직 구성원이 OK 태도(자기긍정-타인긍정)를 가져야 하며, OK 태도를 갖기 위해서는 자신과 타인에 대하여 용서, 연민, 사랑, 수용, 감사, 존중과 같은 훈련이 필요하다.

- 내가 속한 조직이 OK 조직이 되기 위해 필요한 것은 무엇인가?

- OK 조직원이 되기 위해 필요한 것은 무엇인가?

1) 조직문화 탐색하기

- **현재 내가 속한 조직을 몇 점으로 평가할 수 있는가?**

매우 나쁘다 ❶ ❷ ❸ ❹ ❺ ❻ ❼ ❽ ❾ ❿ 매우 좋다

- **조직을 설명할 수 있는 핵심단어를 적어 본다.**

핵심단어	선택한 이유
1.	
2.	
3.	
4.	
5.	

- **핵심단어를 선택한 이유를 구성원과 이야기한다.**

2) 내가 원하는 조직문화 그리기

- **현재 내가 속한 조직이 몇 점으로 변화하기를 원하는가?**

매우 나쁘다 ① ② ③ ④ ⑤ ⑥ ⑦ ⑧ ⑨ ⑩ 매우 좋다

- **내가 원하는 조직을 설명할 수 있는 핵심단어를 적어 본다.**

핵심단어	선택한 이유
1.	
2.	
3.	
4.	
5.	

- **핵심단어를 선택한 이유를 구성원과 이야기한다.**

- **원하는 조직이 되기 위해서는 무엇이 달라져야 하는가?**

- **원하는 조직이 되기 위해서 내가 어떻게 할 것인가?**

1.

2.

3.

4.

5.

2. OK 조직문화를 만들기 위한 인생태도 향상

1) 자기용서, 타인용서 훈련하기

용서는 자신의 과거 삶과의 화해이며, 그 안에 남아 있는 자신에 대한 부정적인 감정을 정화해 가는 과정이다. 용서는 자신에게 베푸는 최고의 선물이다. 용서하기 위해서는 용서에 대한 부정적인 마음을 줄이고, 자신과 타인을 용서하겠다는 의지와 용서할 수 있다는 마음을 갖는 것이 필요하다.

용서는 자신에 대한 용서(자기용서)와 타인에 대한 용서(타인용서)로 나눌 수 있다. 자신에 대한 용서는 자신의 과거와 화해하는 과정이고, 타인에 대한 용서는 자신의 마음에 있는 타인을 용서하고 마음을 정화해 가는 과정이다.

자기용서는 자신이 저지른 잘못, 실수, 어리석은 행동에 대해 스스로 비난하거나 자기혐오 및 죄책감에 빠지기를 그만두는 것이다. 그리고 자기 잘못을 깨끗하게 인정하면서 용서하는 과정을 거치는 것이다. 타인용서는 다른 사람이 내게 끼친 상처에 대해 용서하고 너그러운 마음을 갖는 것이다. 용서는 내 마음에서 상처를 떠나보내는 것이지 상대방과 화해하는 것을 의미하는 것은 아니다(김주환, 2023).

- **지난 한 달 동안 자신을 비난했던 일을 떠올려 보고, 그것을 용서하는 훈련을 해 본다.**

자기용서 훈련 예시

- 나는 이번에 ~을 못한 것 때문에 나를 비난했어.
- 이런 부분을 잘못했어. 인정할게!
- 앞으로는 변명하지 않고, 나를 비난하지도 않고, 있는 그대로 인정할게!
- 미안해. 용서해 줘!
- 용서해 줘서 고마워!

- **지난 한 달 동안 타인으로부터 상처받았던 일을 떠올려 보고, 그것을 용서하는 훈련을 해 본다.**

타인용서 훈련 예시

- 당신에 대한 부정적인 마음을 계속 가지고 있으면 내가 너무 힘듭니다. 내가 더 큰 손해를 입게 되기 때문에 당신을 용서하겠습니다.
- 당신이 끼친 상처는 이제 더 이상 나를 구속하지 않습니다.
- 나는 그것에 의해 더 이상 괴로워하지도 않겠습니다.
- 나는 어떠한 증오심도 복수심도 가지지 않겠습니다.
- 나는 당신에게 어떠한 상처도 끼치지 않겠습니다.
- 나는 과거에 의해 구속되지 않습니다.
- 나는 지금 현재가 더 중요합니다.
- 나는 당신을 용서합니다!
- 나는 당신을 용서합니다!!

2) 자기연민, 타인연민 훈련하기

연민은 아픔을 있는 그대로 인정하고, 공감하고, 용납하는 것이다. 연민에는 자신에 대한 연민(자기연민)과 타인에 대한 연민(타인연민)으로 나눌 수 있다. 자기연민은 자신의 모습, 행동, 감정 등에서 받아들이기 불편한 부분을 가장 친한 친구를 대하듯이 따뜻한 마음으로 바라보고 인정하고 공감하는 태도를 말한다. 그리고 이를 수용하거나 있는 그대로 존재하도록 허가하는 과정이다. 타인연민은 타인에 대하여 자기연민과 같이 행하는 것이다.

- **최근에 자신이 힘들었던 사건을 떠올려 보고, 자신의 아픔을 있는 그대로 허용하고 공감하는 글을 적어 본다. 적은 글을 자신의 이름을 부르면서 자신에게 소리 내어 읽어 본다.**

➔ 자기연민 글쓰기

- **최근에 타인이 힘들어했던 사건을 떠올려 보고, 타인의 아픔을 허용하고 공감하는 글을 적어 본다. 적은 글을 타인의 이름을 부르면서 소리 내어 읽어 본다.**

➔ 타인연민 글쓰기

3) 자기사랑, 타인사랑 훈련하기

사랑은 상대방이 잘되기를 바라는 마음이고, 상대방이 잘되는 모습이나 행복한 모습을 보면서 마치 자신의 것처럼 기쁘고 행복해하는 것이다. 내가 좋아하는 것을 상대방도 좋아해 주기를 원하는 것은 사랑이 아니다.

- **최근에 자신이 경험한 자기사랑 또는 타인사랑에 대해 글로 작성한 뒤 느껴 보는 훈련을 한다.**

자기사랑 글쓰기

"내가 늘 평안하기를, 모든 고통에서 자유롭기를, 늘 행복하기를, 늘 건강하기를 기원합니다." (예시)

타인사랑 글쓰기

"당신이 늘 평안하기를, 모든 고통에서 자유롭기를, 늘 행복하기를, 늘 건강하기를 기원합니다." (예시)

4) 자기수용, 타인수용 훈련하기

수용은 일상에서 일어나는 사건에 대해 있는 그대로 받아들이고 지나가도록 내버려두는 것이다. 일상에서 일어나는 일을 좋은 일과 싫은 일로 구분하여 좋은 일만 받아들이고 싫은 일을 거부하는 것은 수용하는 것이 아니라 저항하는 것이다.

- **자신이 최근에 인간관계에서 두려워했던 것을 떠올려 보고, 있는 그대로 수용하는 훈련을 해 본다.**

자기수용 글쓰기

○○아, 너는 이런 것을 두려워하고 있구나! 두려워해도 괜찮아! (예시)

타인수용 글쓰기

5) 자기존중, 타인존중 훈련하기

존중한다는 것은 자신과 상대방에 대해 가치 있거나 의미 있는 것을 발견해 가는 과정이다. 자신과 상대방을 존중하기 위해서는 공경하는 마음과 소중히 여기는 마음을 갖는 것이 매우 중요하다.

- **자신이 인생을 살아오면서 잘한 것이나 잘하는 것을 5개 적어 보고, 자신에게 존중심을 가진 태도로 제3자가 말하듯이 들려준다.**

➲ 자기존중 훈련

○○○아, 너는 이런 것을 잘하는구나! 대단하네! (예시)

○○아, 너는 이런 것을 해냈구나! 훌륭하다! (예시)

- **작성한 내용을 상대방과 나누어 본다.**

- **상대방 앞에 존경하는 자세를 취한 뒤 존경한다고 말해 준다.**

➲ 타인존중 훈련

○○ 님, 이런 것을 해내셨군요. 존경합니다! (예시)

○○ 님, 이런 것을 잘하시는군요. 존경합니다! (예시)

6) 자기감사, 타인감사 훈련하기

감사는 나에게 생긴 어떤 일을 긍정적으로 받아들이는 동시에 그 일이 다른 사람 덕분에 일어났다고 생각하는 마음을 갖는 것을 말한다(김주환, 2023).

- **나의 삶에서 감사한 일을 적어 보고 고마운 사람을 떠올려 본다.**

자기감사 글쓰기

나에게 이런 일이 있었던 것에 대해 감사합니다. (예시)

타인감사 글쓰기

감사편지 쓰기

제7장

변화와 회복

1. 나의 인생각본 다시 쓰기
2. 교육 소감 나누기
3. 마무리

1. 나의 인생각본 다시 쓰기

인생각본을 다시 쓰는 것은 10년 뒤, 20년 뒤, 30년 뒤, 40년 뒤, 50년 뒤, 사망 이후에 어떤 사람이 될 것인지에 대해 자기 자신에게 약속하는 것이다.

인생각본 작성하기

- **다음 ①부터 ④의 내용을 담아서 자신에게 쓰는 편지 형식으로 인생각본을 작성한 뒤 제목을 붙인다.**
  ① 지금까지 살아온 인생에 대한 스토리
  ② 자기 자신의 삶에 대한 평가(잘한 것, 아쉬운 것)
  ③ 자신에게 중요한 관계에 대해 돌아보고 용서, 사랑, 감사, 연민에 대해 글쓰기
  ④ 남은 삶에 대한 스토리

인생각본 나누기

- **글을 적은 뒤 팀별로 나눈다.**

- 팀마다 1명씩 뽑아 전체를 대상으로 소감을 발표해 본다.

➲ 제목: ____________________

2. 교육 소감 나누기

지금까지 진행한 프로그램은 조직에 대한 이해, 교류분석과 인간이해를 바탕으로 한 셀프코칭, 갈등 및 스트레스 관리, OK 조직문화 만들기 등을 통해 조직 내 인간관계 개선에 크게 기여하도록 돕는다. 특히 개인 및 조직의 성장과 발전을 위해 조직 내에서 누구나 쉽게 활용할 수 있도록 만들어진 실용적인 프로그램이다.

- 이번 교육이 나와 나의 관계에서 얼마나 도움이 될 것 같은가?
- 이번 교육이 나와 조직 구성원과의 관계에서 얼마나 도움이 될 것 같은가?
- 이번 교육이 나와 가족 등 중요 타인과의 관계에서 얼마나 도움이 될 것 같은가?
- 이번 교육에 대한 전체적인 소감은 어떠한가?

3. 마무리

1) 자신에게 칭찬하기

- 자신을 나비포옹으로 안아 주기
- 다음과 같이 자신을 격려하고 칭찬해 주기
  - "○○아, 정말 수고 많았다."
  - "○○아, 멋지다."
  - "○○아, 정말 애썼다."
  - "○○아, 해냈구나. 대단하다."

2) 구성원에게 칭찬하기

- "행복했던 추억들만 가슴에 안고 사랑을 전합니다." (손가락 하트 동작을 함께한다.)
- "선생님 덕분에 일주일이 행복했습니다. 안녕히 가십시오."

3) 강사의 마무리

- "배운 것을 여러분 삶에 적용합시다!"
- "오늘부터 내 삶을 변화시키기 위해서 실천하자!" (삼창)
- "저도 여러분 덕분에 행복했습니다. 안녕히 가십시오."

참고문헌

강석동(2012). OK리더십-한국교류분석상담학회 교류분석 조직전문가 과정. 아카데미아.

김미례(2015). 초급상담자를 위한 교류분석상담의 과정과 기법. 아카데미아.

김미례(2017). 교류분석상담 입문자를 위한 교류분석상담의 기초 2. 아카데미아.

김미례(2024). 교류분석상담의 이해와 상담의 적용. 학지사

김미례, 김옥희, 김미라, 장희선, 박기옥, 원호만(2024). TA스트로크 카드. 학지사.

김장회, 이영호(2019). 상담 및 심리치료 이론 시리즈 ⑧ 교류분석상담. 학지사.

김주환(2023). 내면소통. 인플루엔셜.

문영주(2015). 교류분석상담사와 교류분석상담 경험자를 위한 교류분석상담의 인생각본 치료. 아카데미아.

박용민(2012). OK코칭-한국교류분석상담학회 교류분석조직전문가 과정. 아카데미아.

송준석(2012). OK조직개발-한국교류분석상담학회 교류분석 조직전문가 과정. 아카데미아.

송준석(2015). 교류분석 수동성과 게임치료의 기본서-수동성과 게임치료. 아카데미아.

왕태규(2022). 조직 내 인간관계가 직무 소진에 미치는 영향: 개인-환경 적합성 이론의 활용. 한국공공관리학보, 36(4). 133-158.

윤영진, 문호영, 김미례, 송준석, 이영호, 정정숙(2000). 자아상태+인생태도 검사 프로파일. 한국교류분석상담학회.

인제대지회 상담자 1기 연구회(2016). TA자아상태카드. 아카데미아.

장희선, 김미례, 윤영진, 강석동, 최유호(2022). 스트레스반응검사지. 자유미디어

장희선, 이화순(2022). OK조직스트레스 & OK 명상과 차테라피-스트레스와 명상. 아카데미아.

정원철(2017). 교류분석상담 입문자를 위한 교류분석상담의 기초 1. 아카데미아.

조혜정(2014). 심리게임. 교양인

진수민(2021). 직장인의 직무스트레스가 직무수행에 미치는 영향에서 직무 소진의 매개효과. 가톨릭대학교 대학원.

권연수(2019년 3월 26일). 직장인 81% '사람 싫어' 퇴사 결심, 직장 내 인간관계 갈등 원인 1위는? 디지틀조선일보. https://digitalchosun.dizzo.com/site/data/html_dir/2019/03/26/2019032680050.html

김기섭(2014년 5월). "자유로운 토론 許하라" 경청의 달인 세종. 동아비즈니스리뷰, 153호. 동아비즈니스리뷰.

https://dbr.donga.com/article/view/1306/article_no/6447/ac/magazine

미래교육지원연구소 원격평생교육원(2022). [품질경영] 미래사화의 스킬, 직업기초능력(의사소통능력). https://mredu.kr/custom/news_view.html?&no=80

뷰리플(2021년 2월 9일). [직장인 모먼트] 직장에서 열받는 순간(직장인 공감 콘텐츠/웹드라마). [동영상]. YouTube. https://youtu.be/Wrec_HIGy50

송연주(2024년 8월 31일). "직원 · 주주 나몰라"…'막장 드라마' 된 한미약품 집안싸움. 뉴시스. https://www.newsis.com/view/NISX20240830_0002869736

신예리(연출). (2018년 11월 7일). 탄핵된 절대권력 연산군 (85화). [TV 시리즈 에피소드]. 차이나는 클라스. tvN.

챌린저 우주왕복선 폭발 사고. (n.d.). 위키백과, 우리 모두의 백과사전. 2025년 6월 10일 접속, https://ko.wikipedia.org/wiki/챌린저_우주왕복선_폭발_사고

채성숙(2022년 11월 5일). [트렌드모니터] "회사에서의 폭넓은 인간관계" 직장생활에서 득일까 실일까? 매드타임스. https://www.madtimes.org/news/articleView.html?idxno=15205

하루명상(n.d.). 긍정확언. 하루명상. https://harumeditation.com/

Berne, E. (1964). *Games people play: The psychology of human relationships*. Grove Press.

Berne, E. (1972). *Life scripts in transactional analysis*. Routledge.

Dusay, J. M. (1977). *Egograms: How I see you and you see me*. Harper & Row.

Gaines, J., & Jermier, J. M. (1983). Emotional exhaustion in a high stress organization. *Academy of Management Journal, 26*(4), 567–586. https://doi.org/10.2307/255911

Hey, J. (2012). *Transactional Analysis for Trainers* (2nd ed.). 이영호, 박용민, 김장회, 박범석 역(2019). 기업과 조직을 위한 교류분석상담. 아카데미아.

Maslach, C. (1982). *Burnout: The cost of caring*. ISHK.

Stewart, I., & Joines, V. (1987). *TA today: A new introduction to transactional analysis*. Lifespace Publishing.

Stewart, I., & Joines, V. (2012). *TA today: A new introduction to transactional analysis* (2nd rev. ed.). Lifespace Publishing.

저자 소개

강석동(KANG SUK DONG)

한국교류분석상담학회 인천 남동(만수)지부장

한국교류분석상담학회 조직영역 마스터 트레이너

한국교류분석상담학회 조직영역 마스터 코치

팽혜숙(PAENG HYE SOOK)

한국교류분석상담학회 경기 부천(상동)지부장

한국교류분석상담학회 조직영역 마스터 트레이너

한국교류분석상담학회 조직영역 마스터 코치

한국교류분석상담학회 상담영역 수련 감독자

김옥희(KIM OK HEE)

한국교류분석상담학회 부산 북(화명)지부장

한국교류분석상담학회 조직영역 마스터 트레이너

한국교류분석상담학회 조직영역 마스터 코치

한국교류분석상담학회 상담영역 수련 감독자

한국교류분석상담학회 교육영역 TAPT(부모교육) 전문강사

이상심(LEE SANG SIM)

한국교류분석상담학회 경기 이천(창전)지부장

한국교류분석상담학회 조직영역 마스터 코치

한국교류분석상담학회 상담영역 전문가

장희선(JANG HUI SEON)

한국교류분석상담학회 충남 당진(서부)지부장

한국교류분석상담학회 조직영역 마스터 트레이너

한국교류분석상담학회 조직영역 마스터 코치

한국교류분석상담학회 상담영역 전문가

기업과 조직의 성장을 위한
TA 인간관계 프로그램

TA Human Relations Program for Business and Organizational Growth

2025년 8월 25일 1판 1쇄 인쇄
2025년 8월 30일 1판 1쇄 발행

지은이 • 강석동 · 김옥희 · 장희선 · 팽혜숙 · 이상심
펴낸이 • 김진환
펴낸곳 • ㈜학지사
• 04031 서울특별시 마포구 양화로 15길 20 마인드월드빌딩
대표전화 • 02-330-5114 팩스 • 02-324-2345
등록번호 • 제313-2006-000265호

홈페이지 • http://www.hakjisa.co.kr
인스타그램 • https://www.instagram.com/hakjisabook

ISBN 978-89-997-3480-9 93180

정가 17,000원